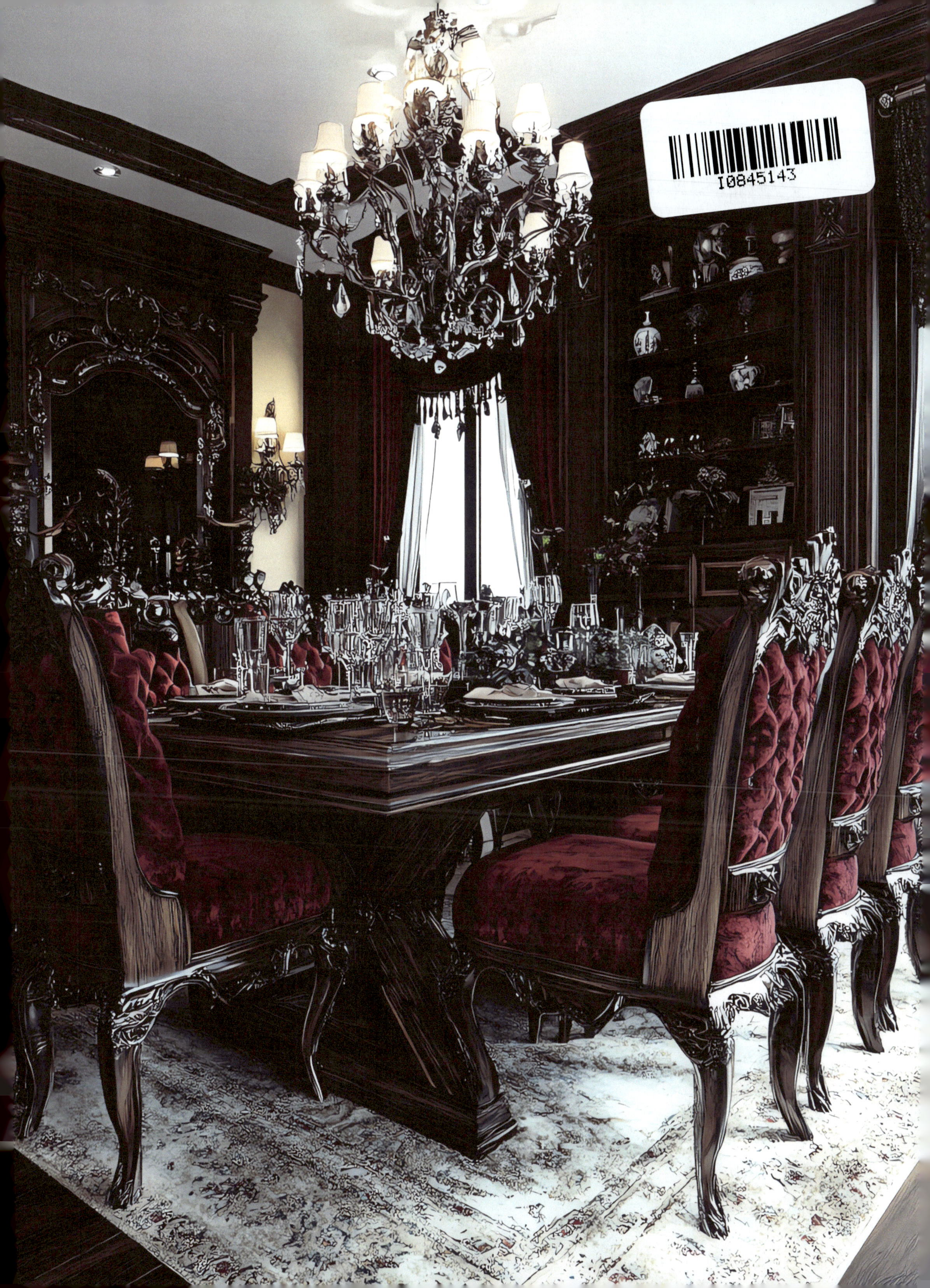
I0845143

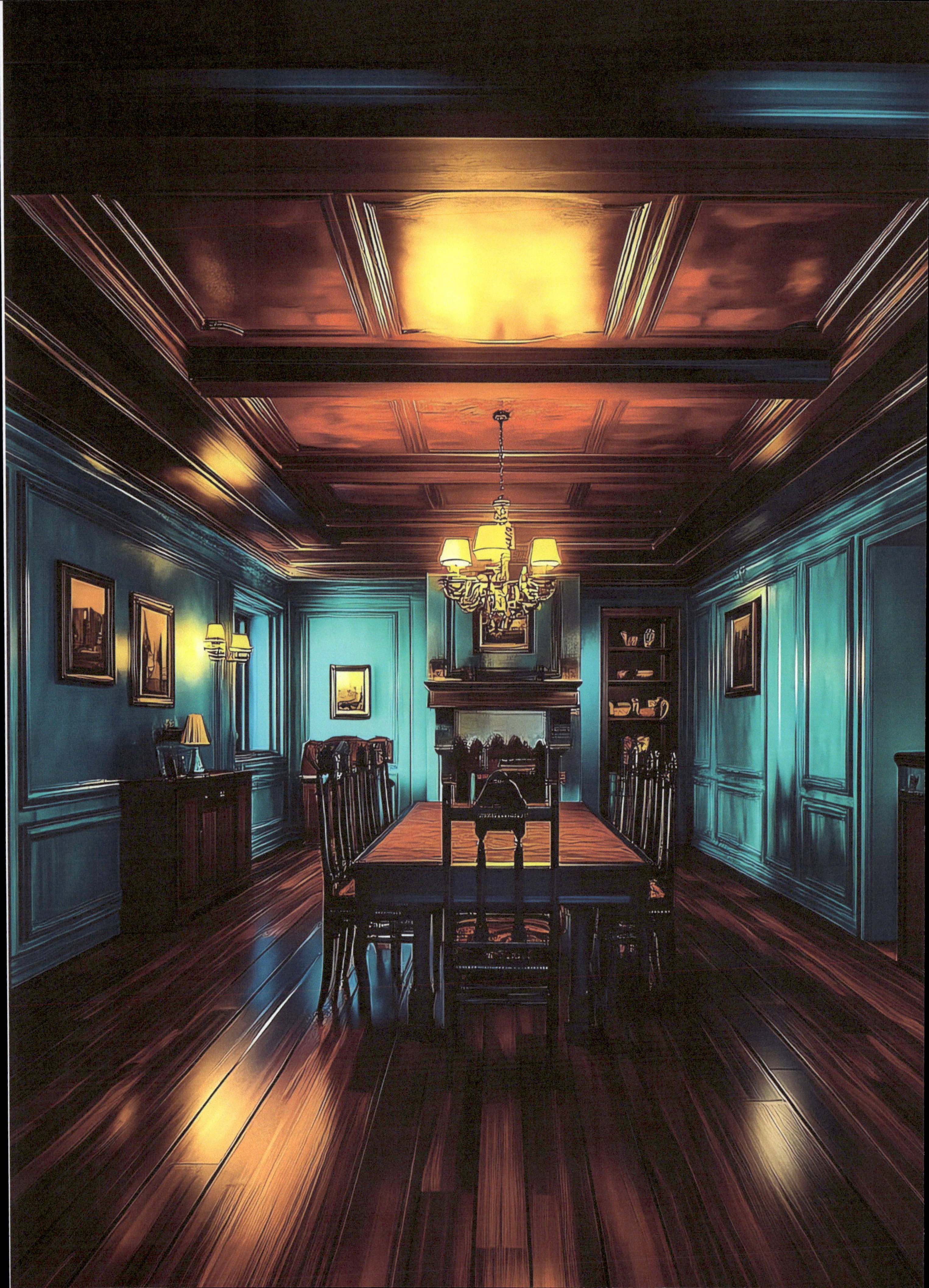

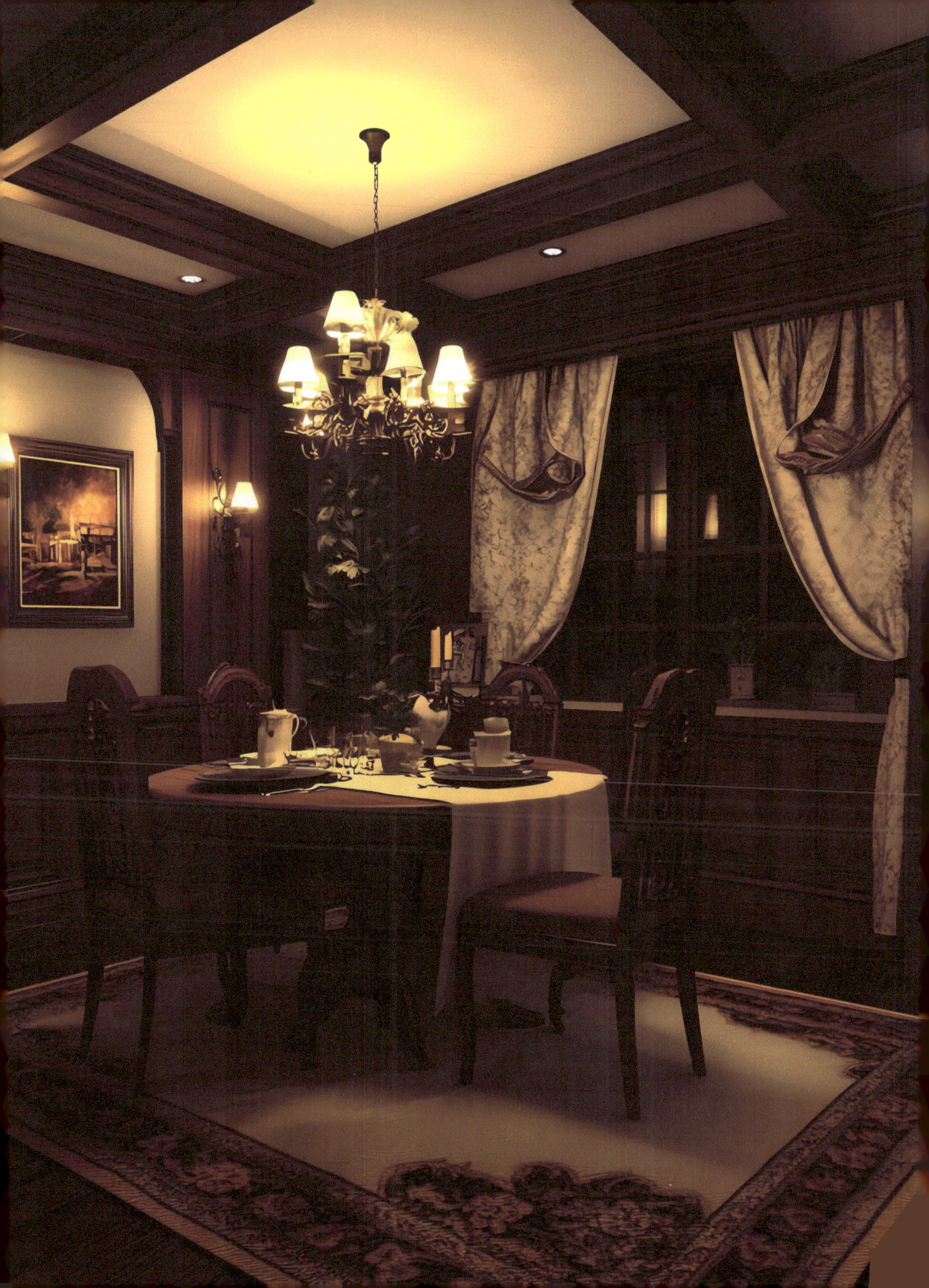

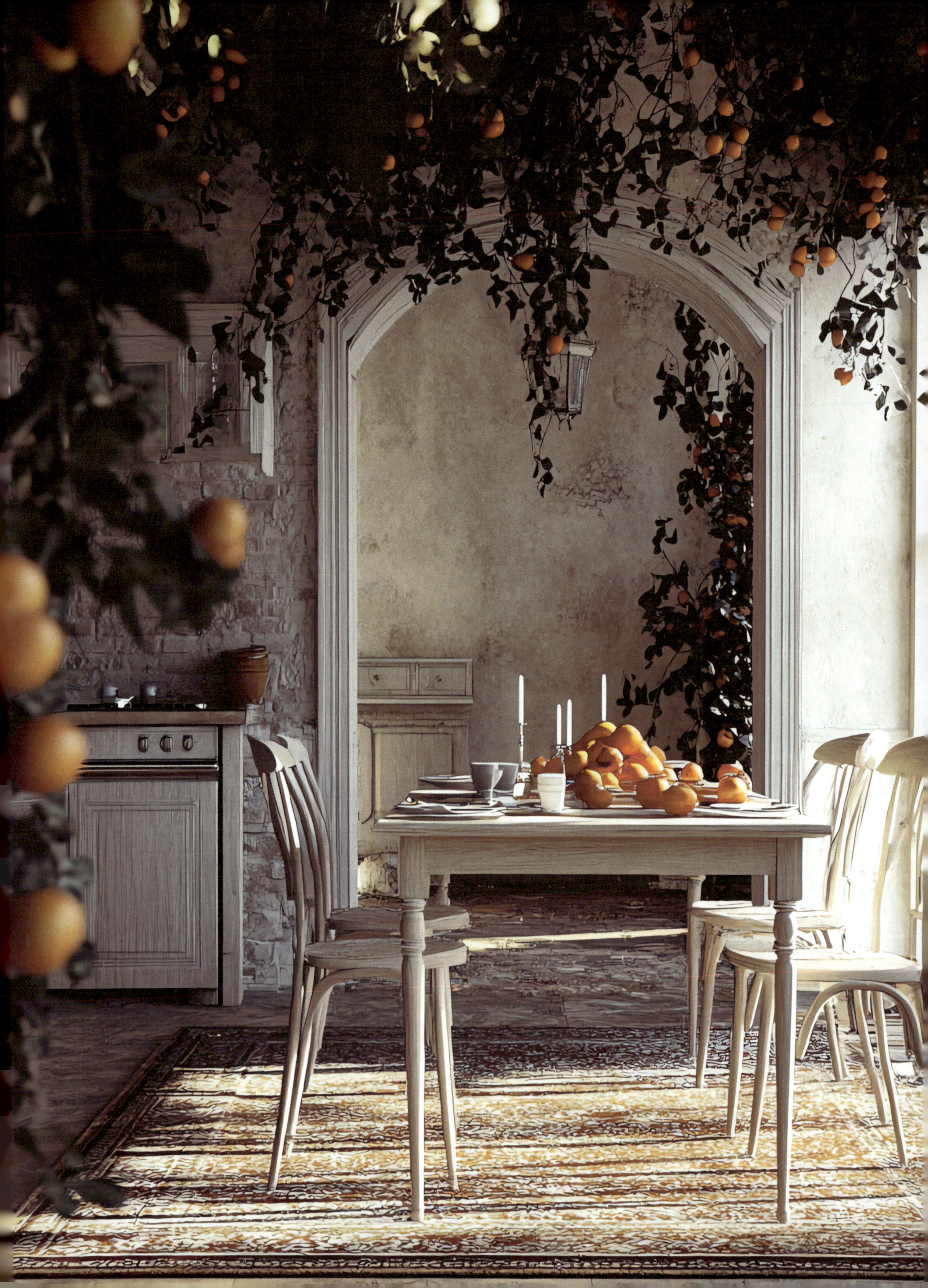

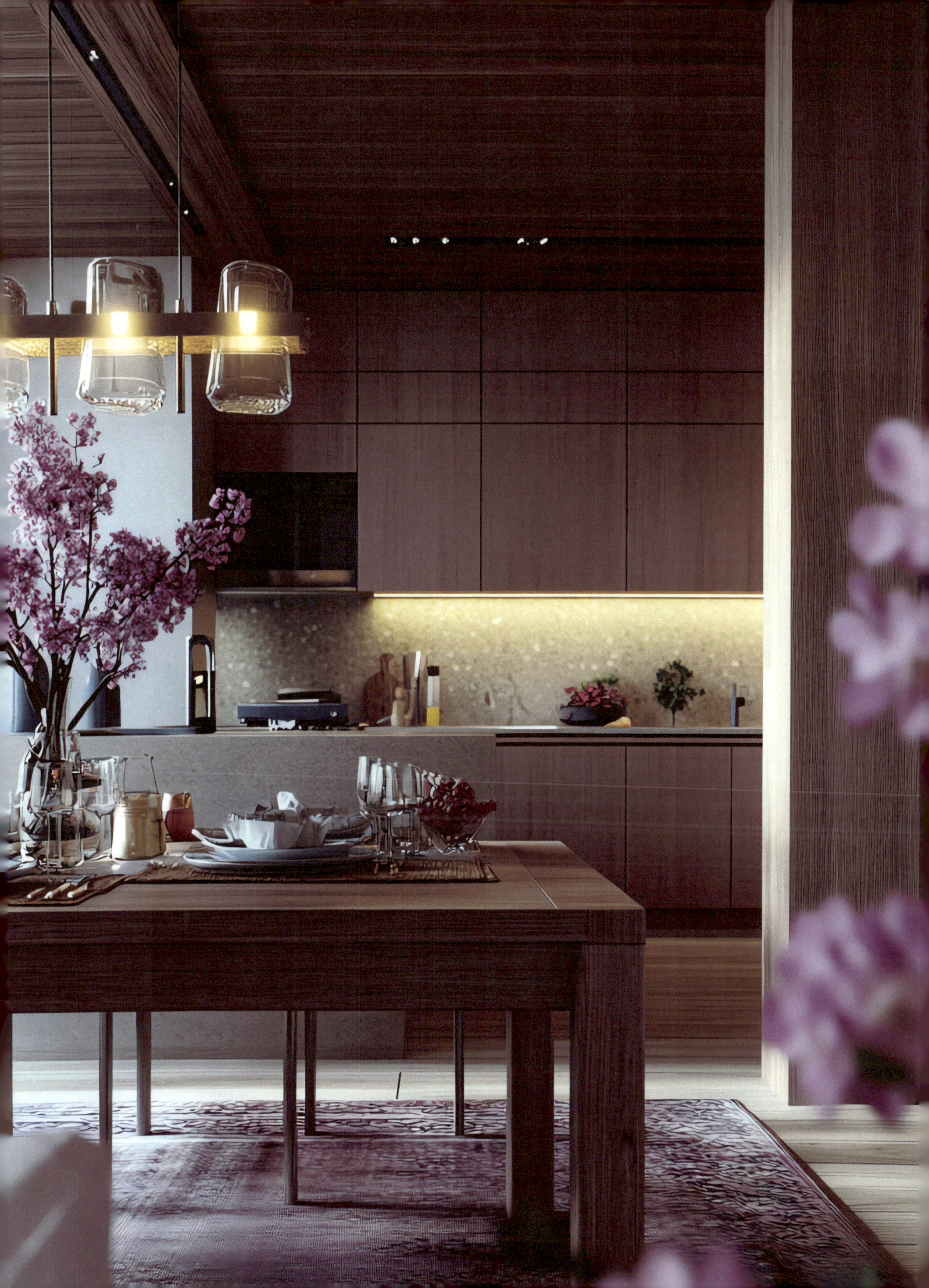

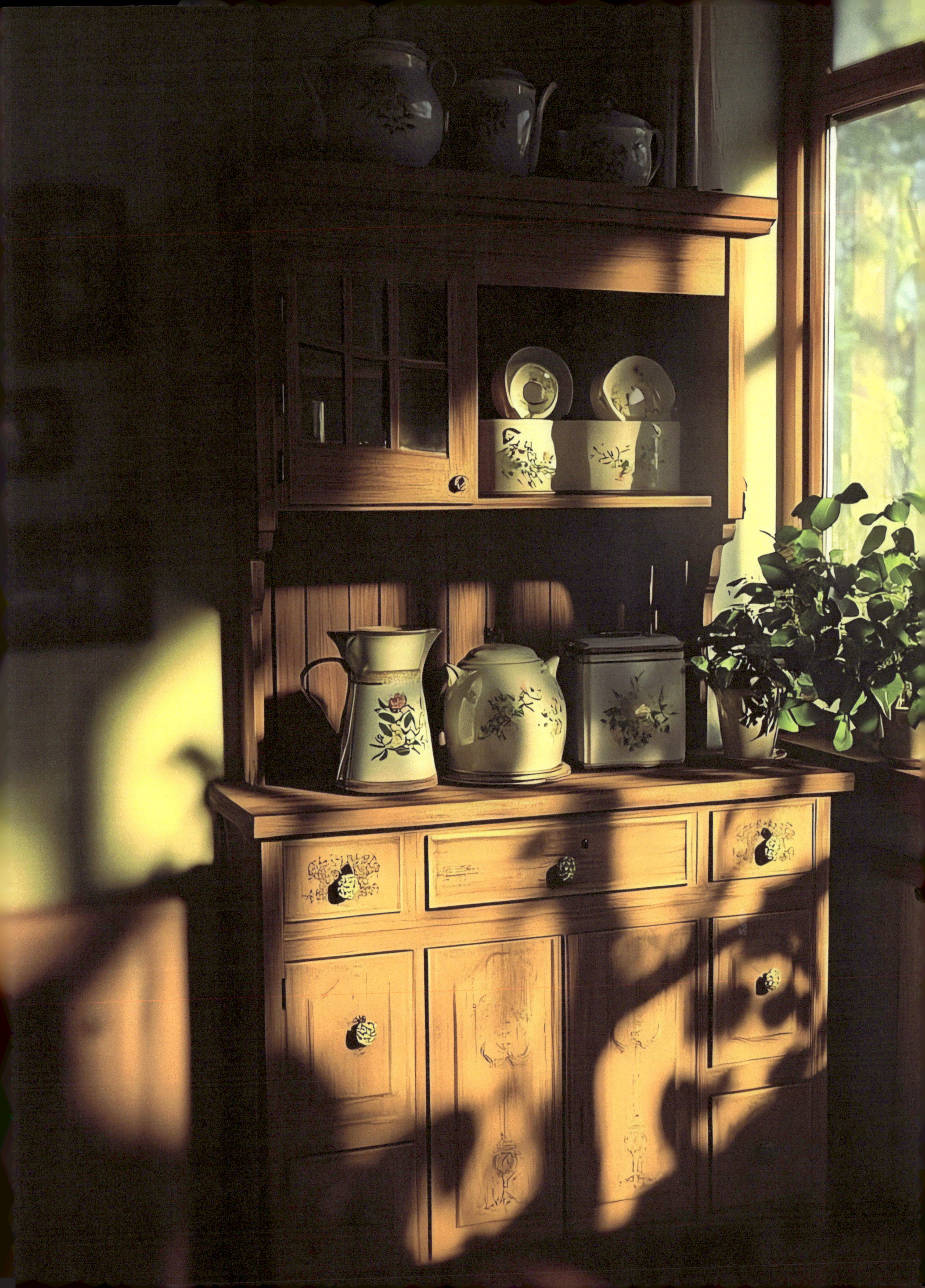

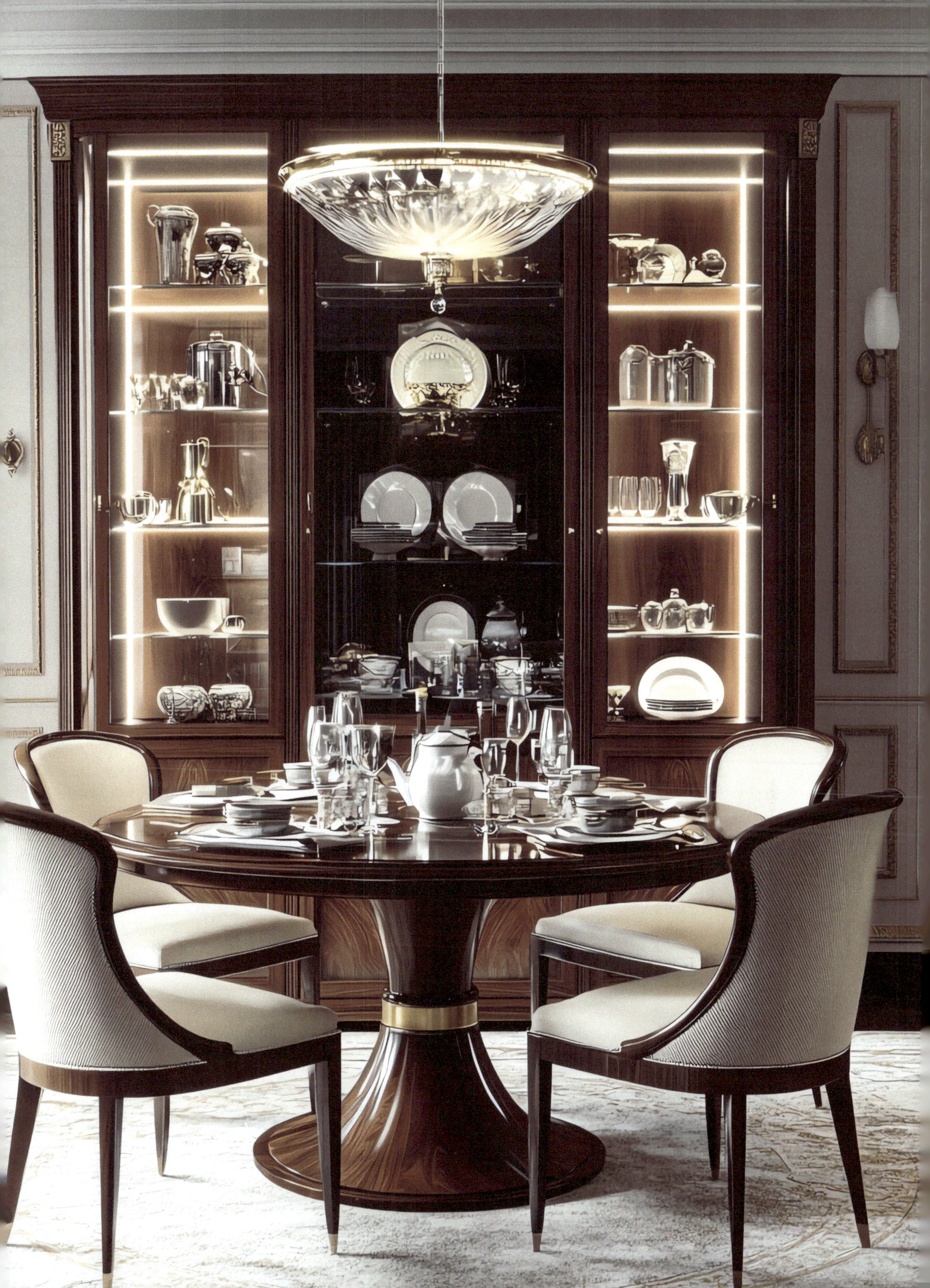

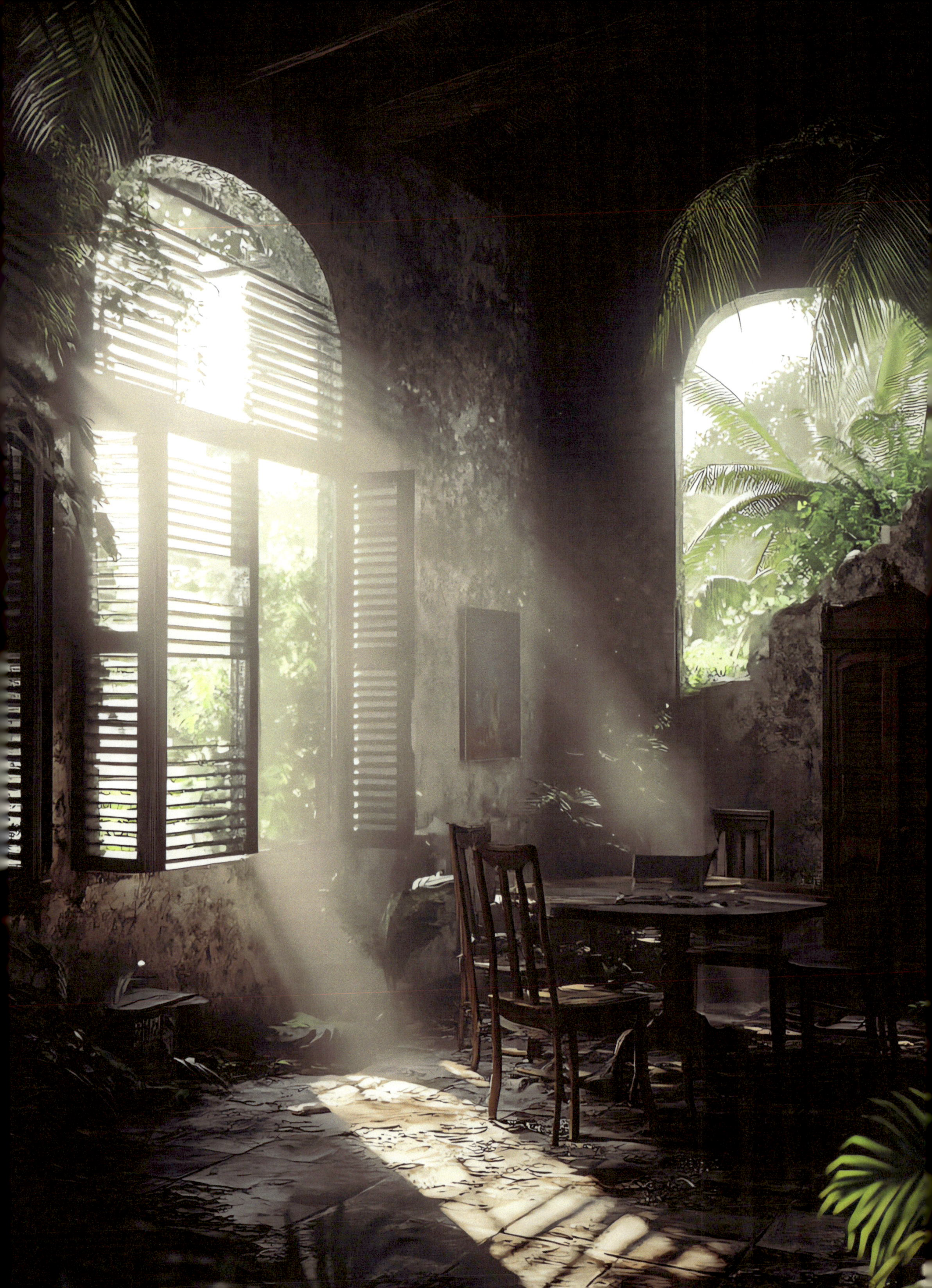

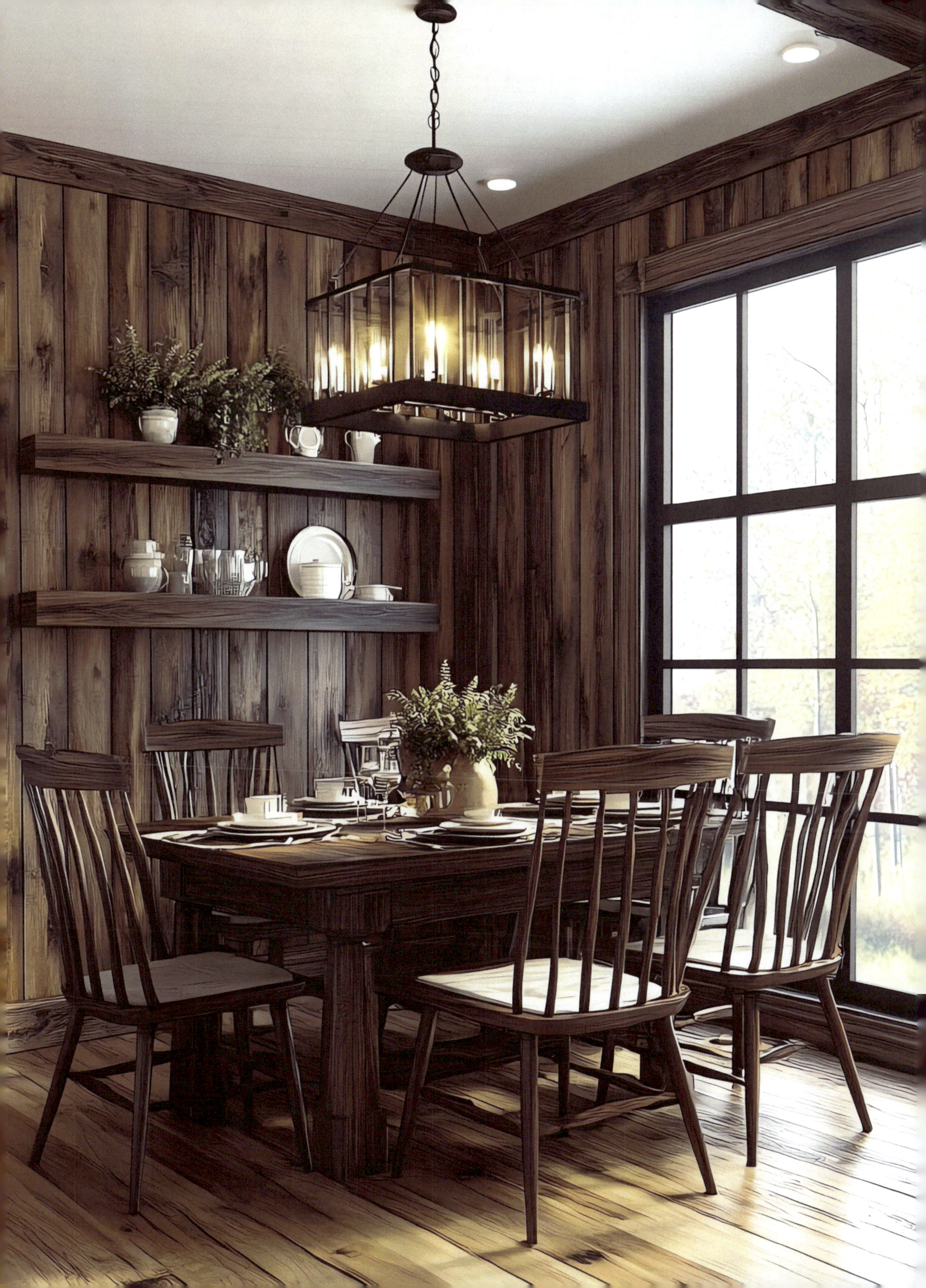

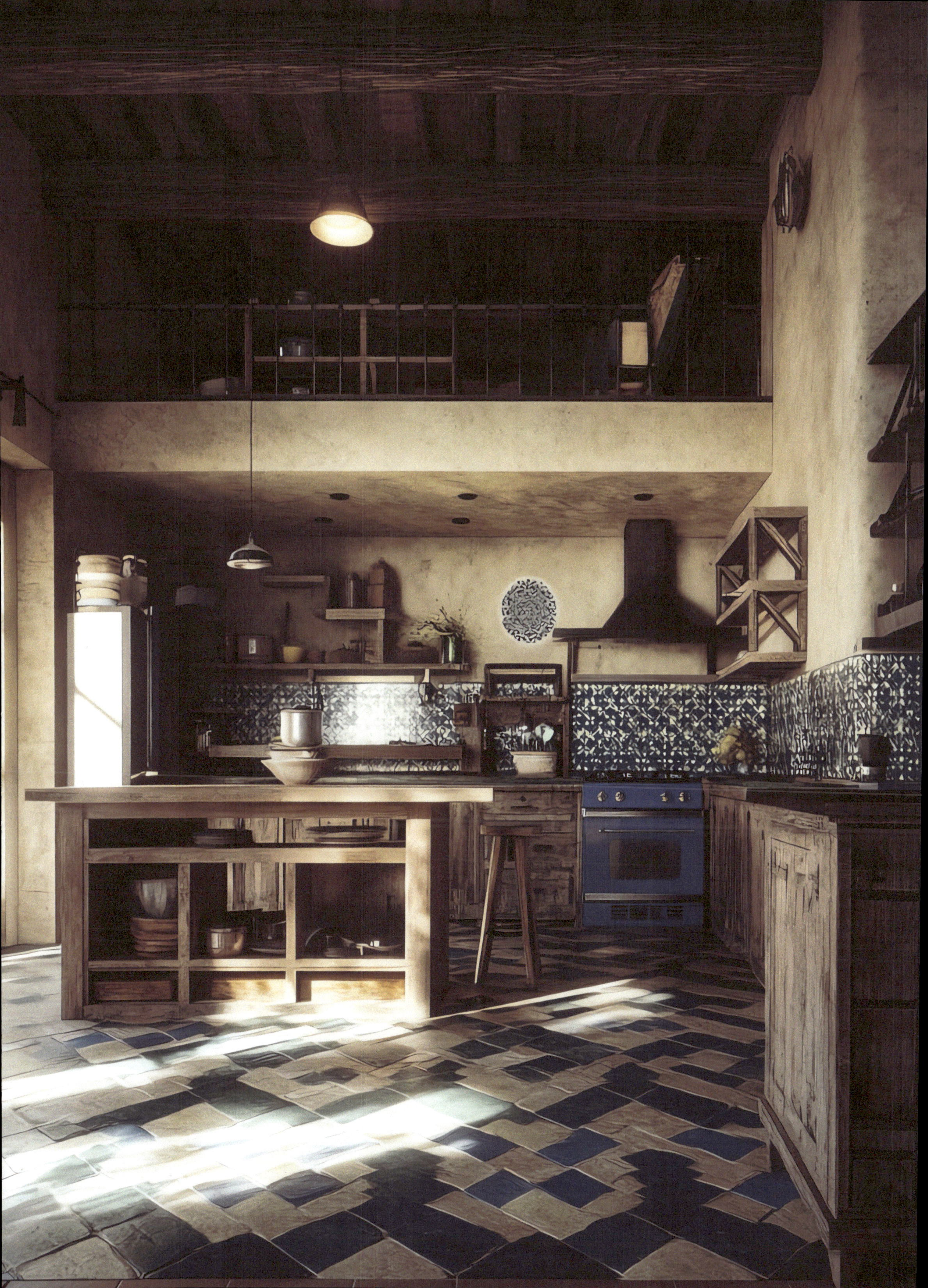

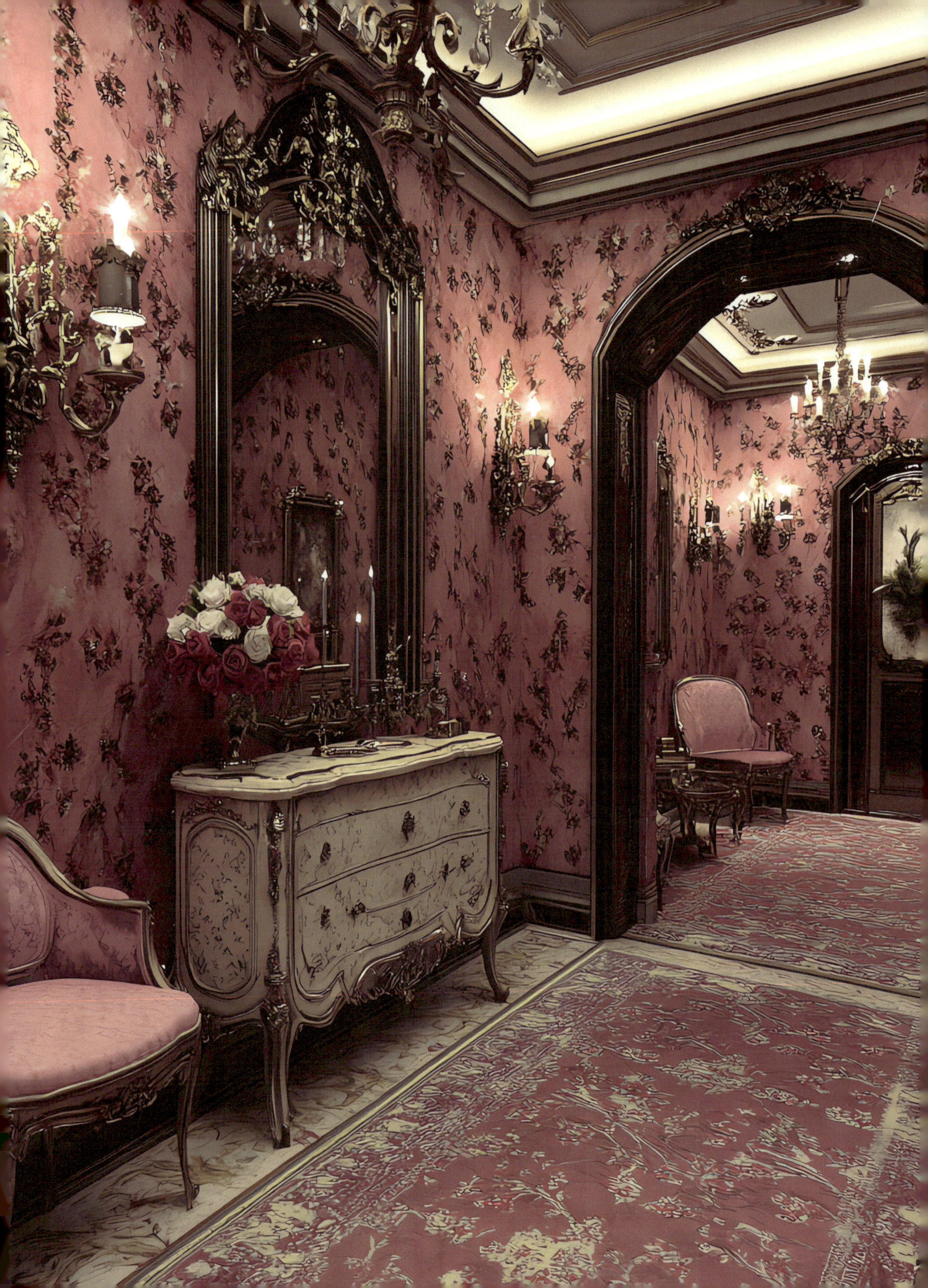

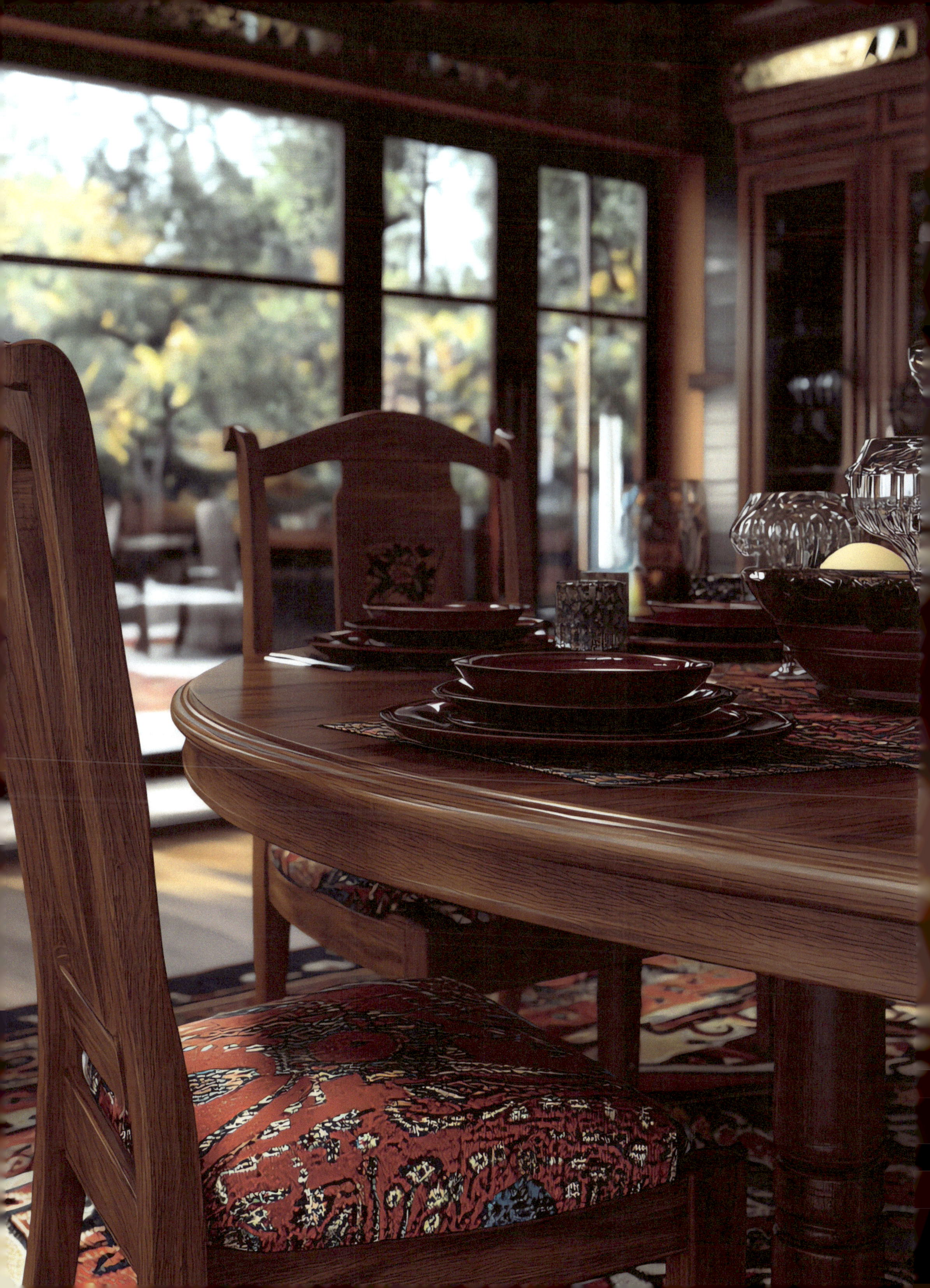

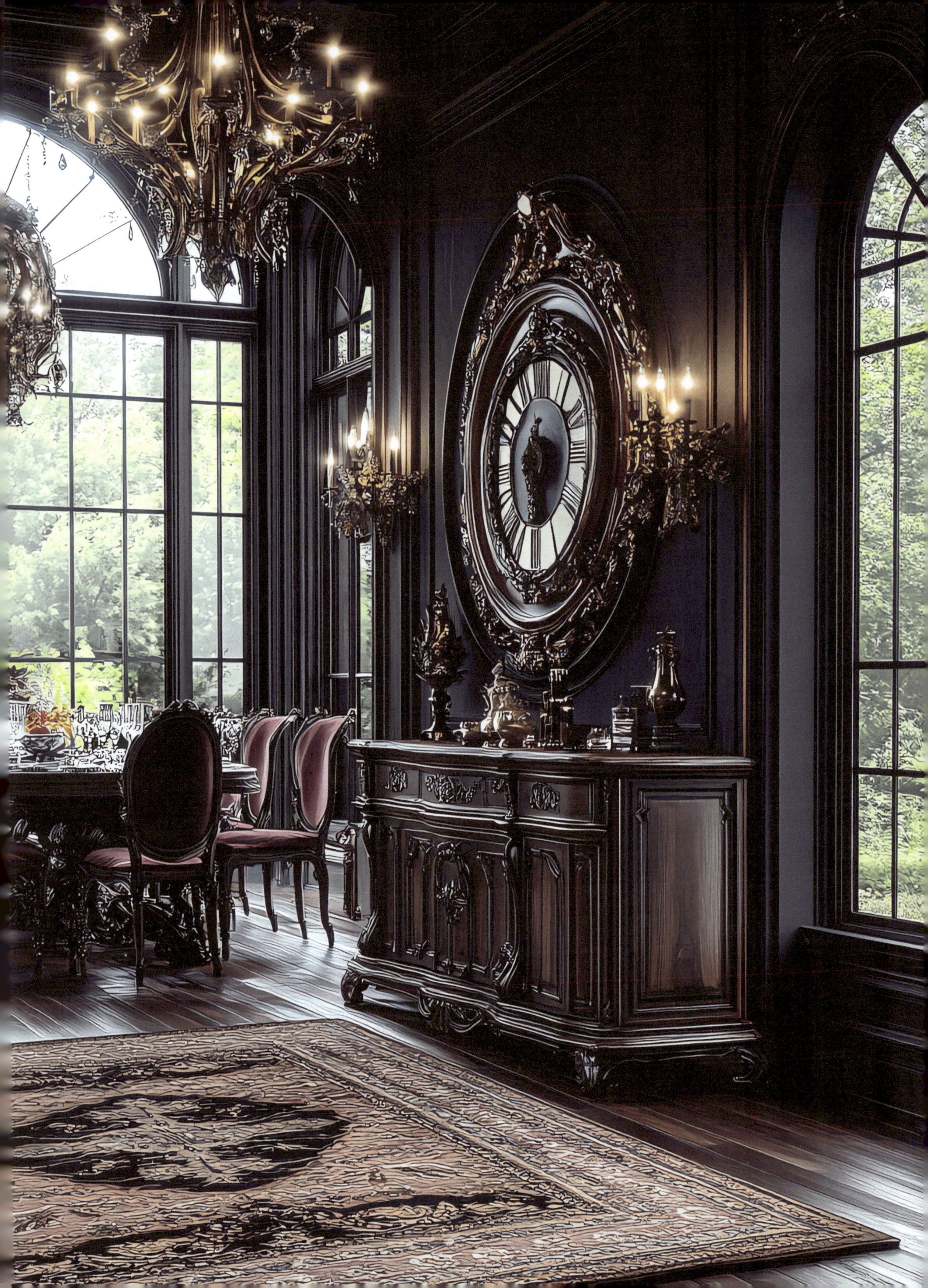

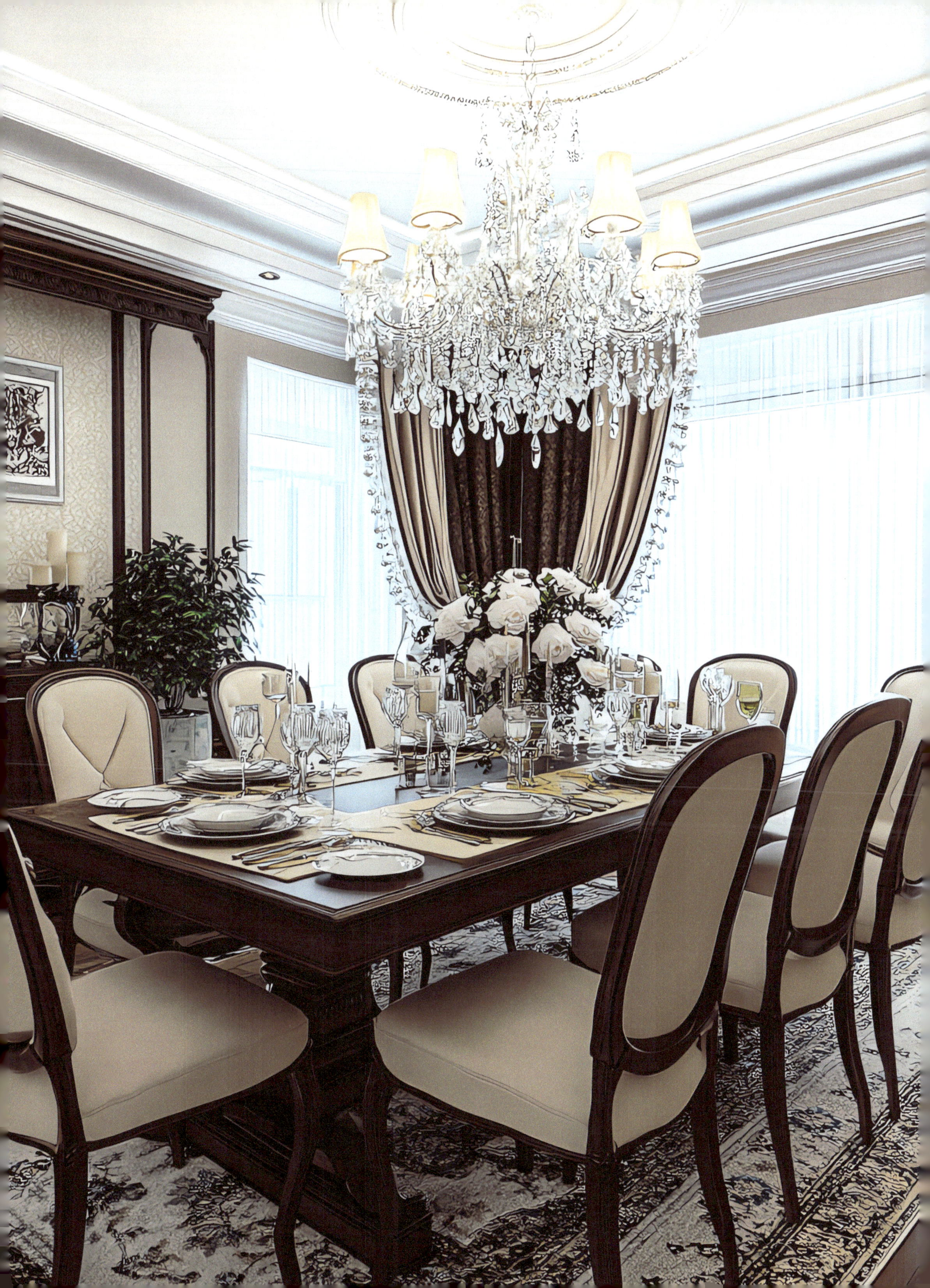

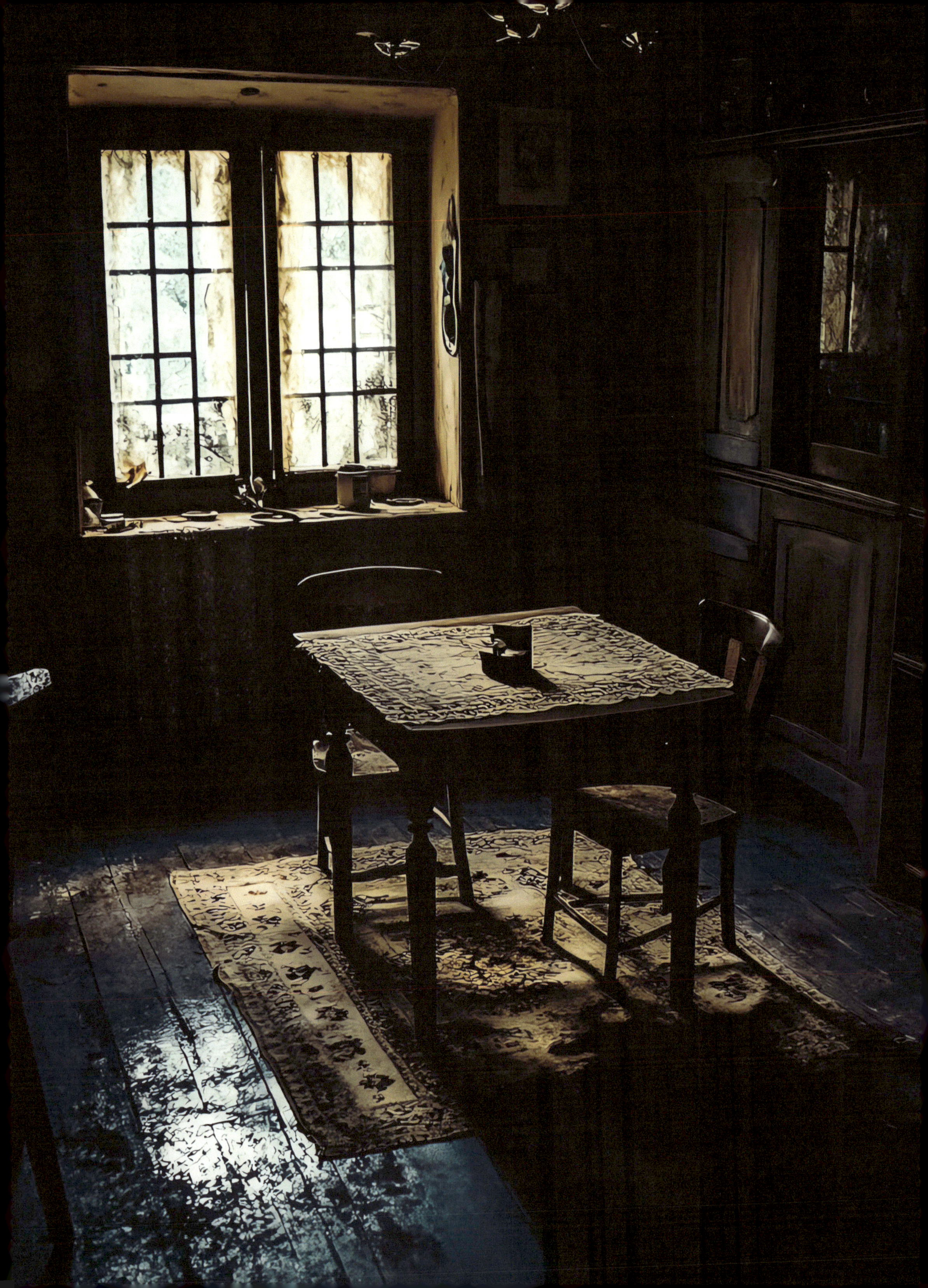

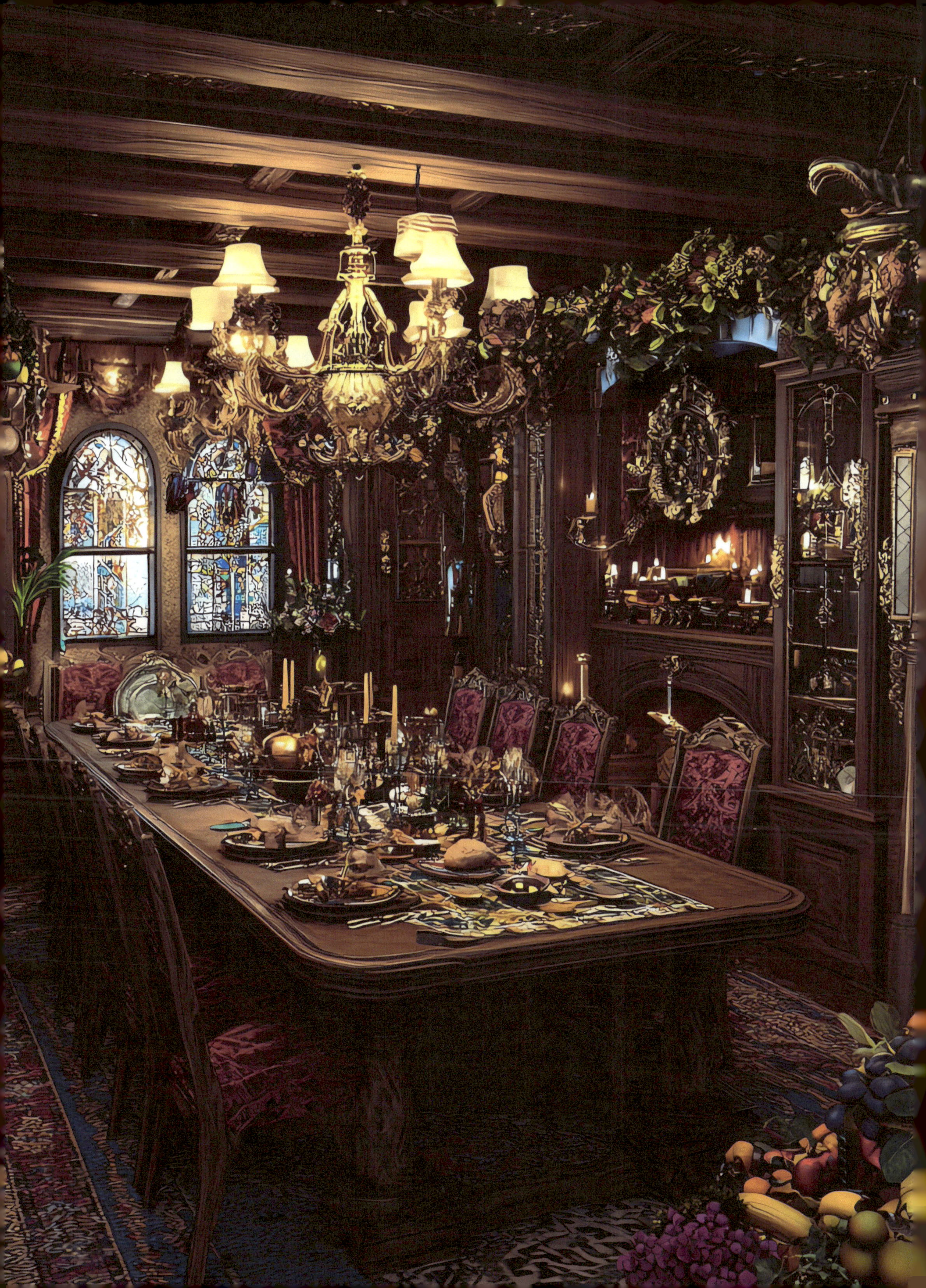

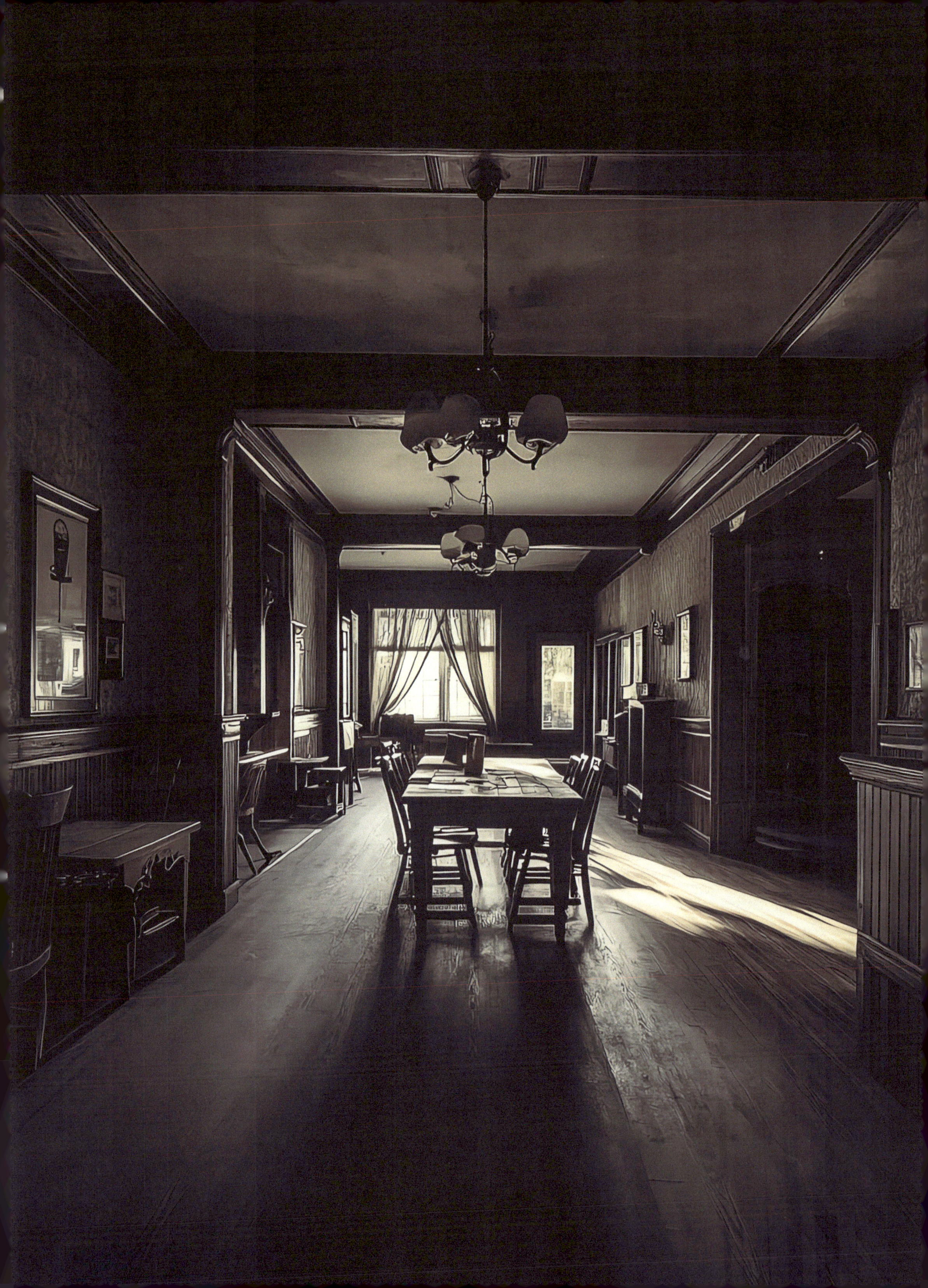

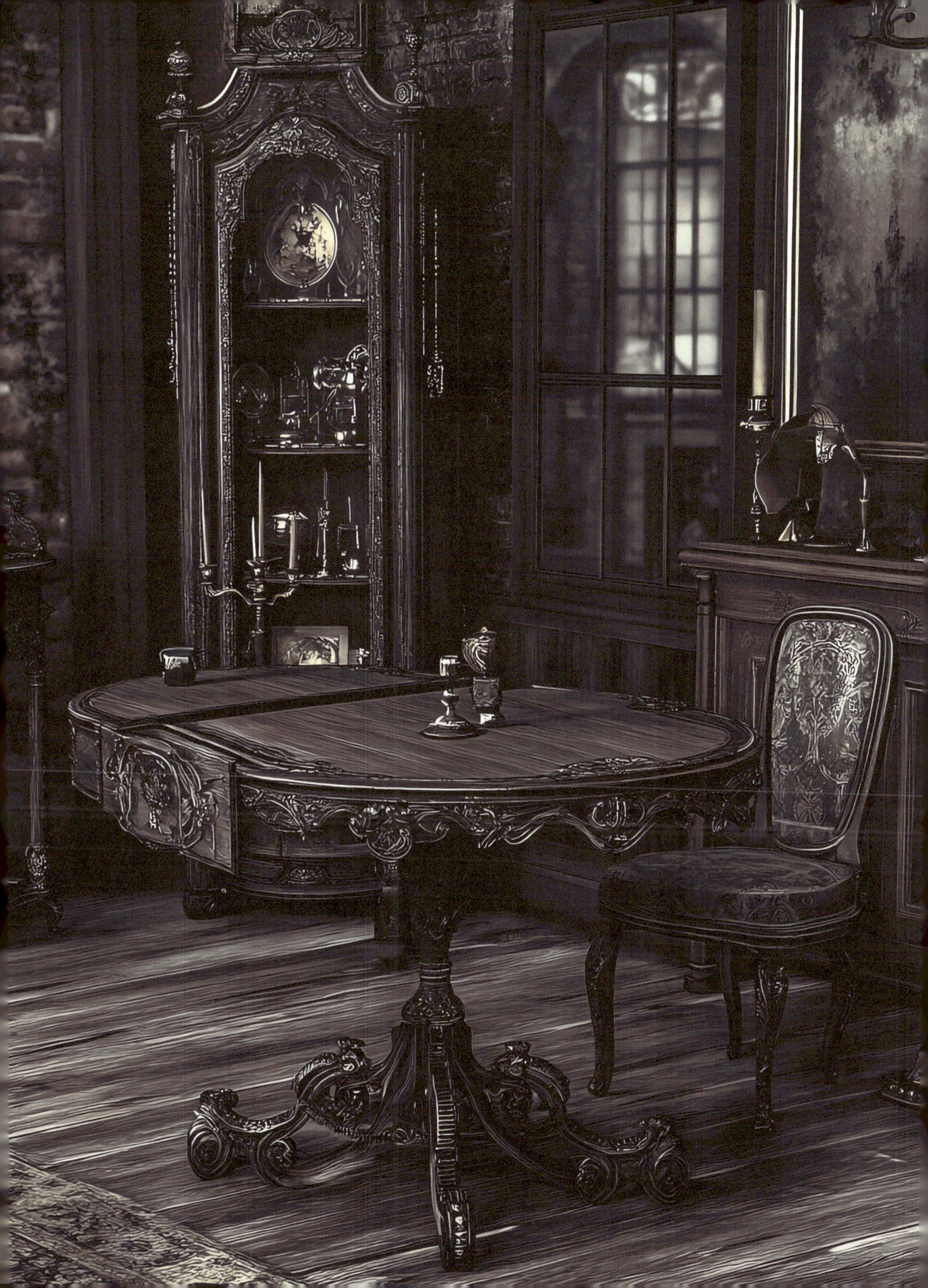

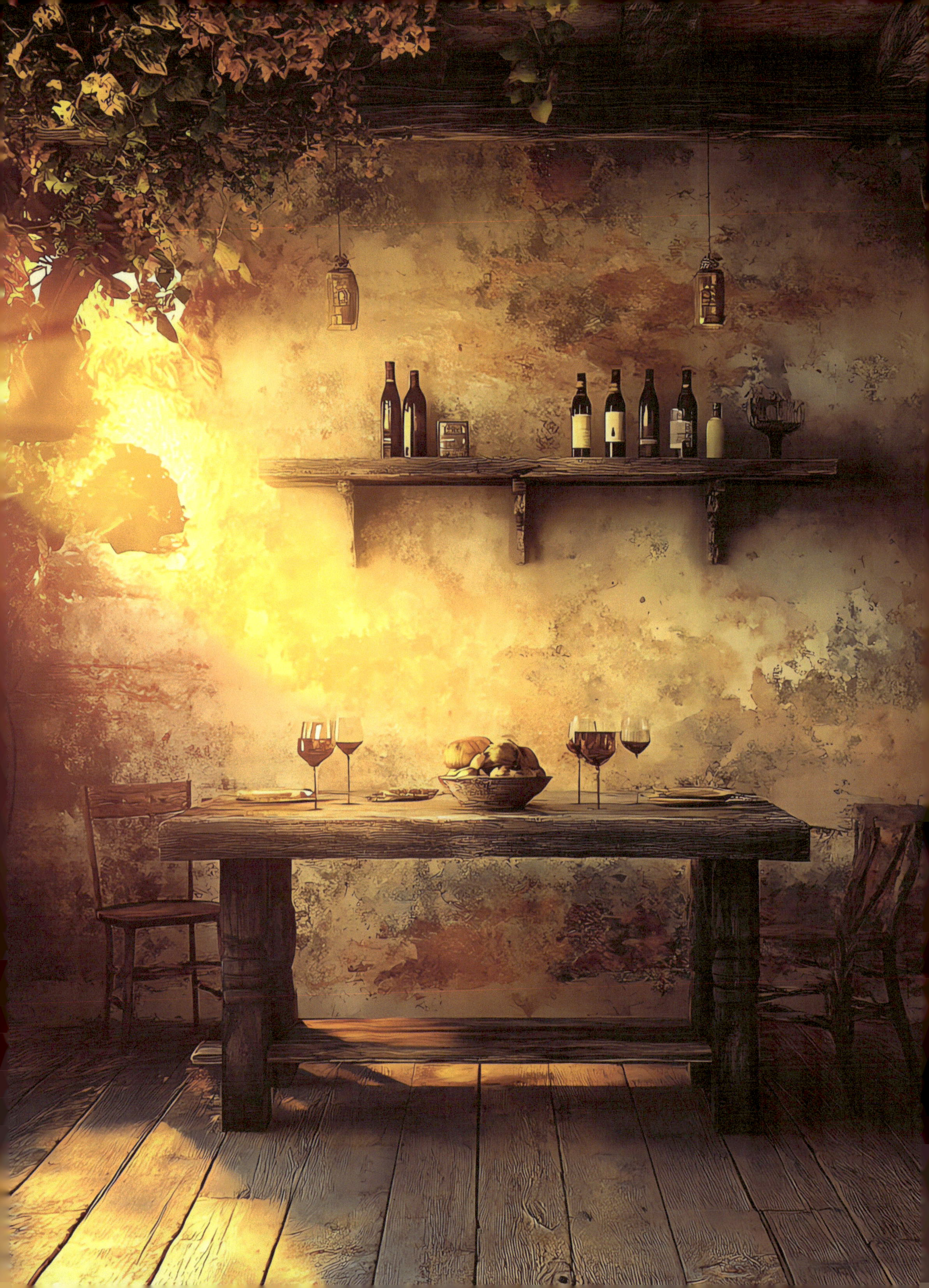

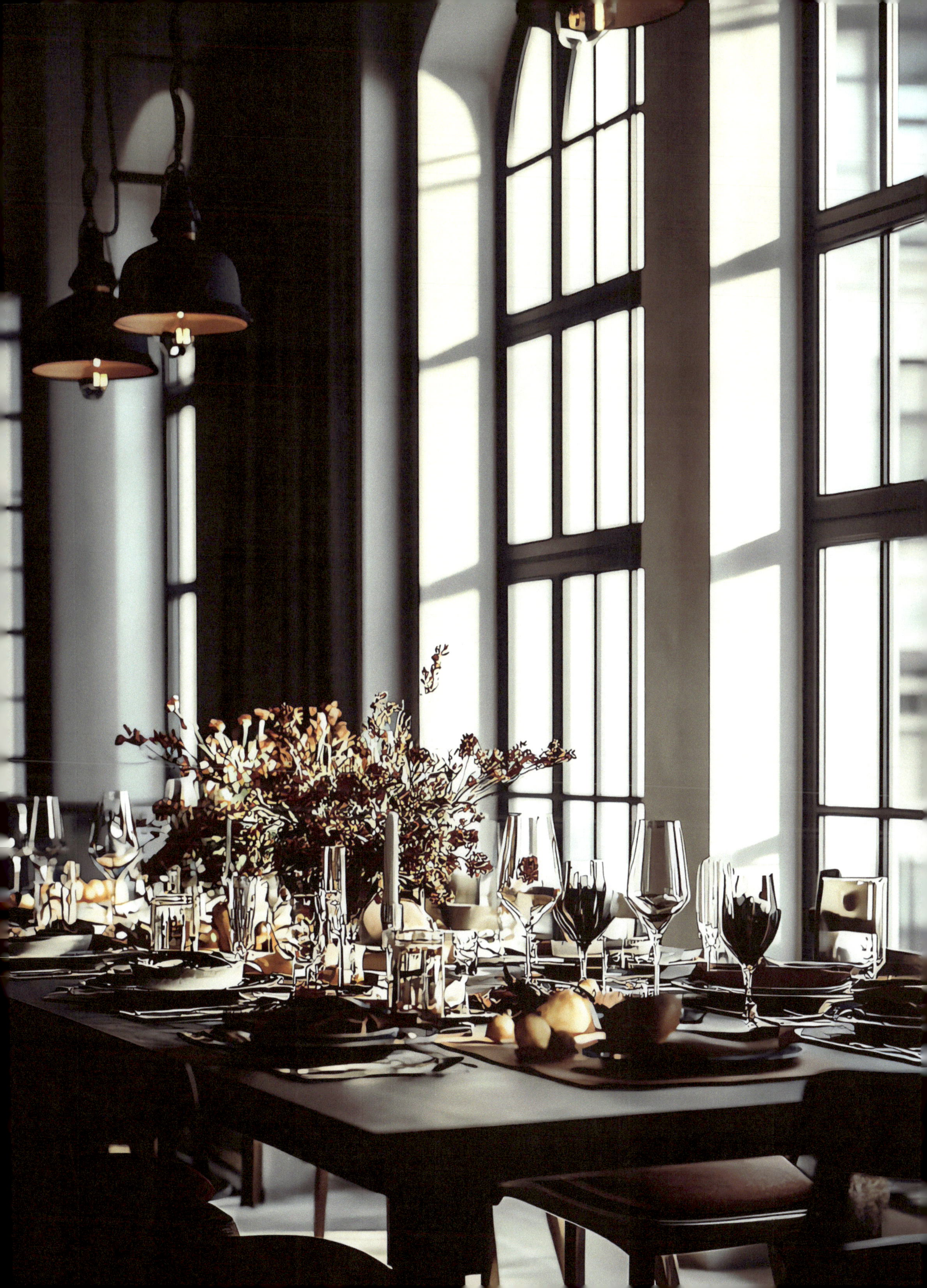

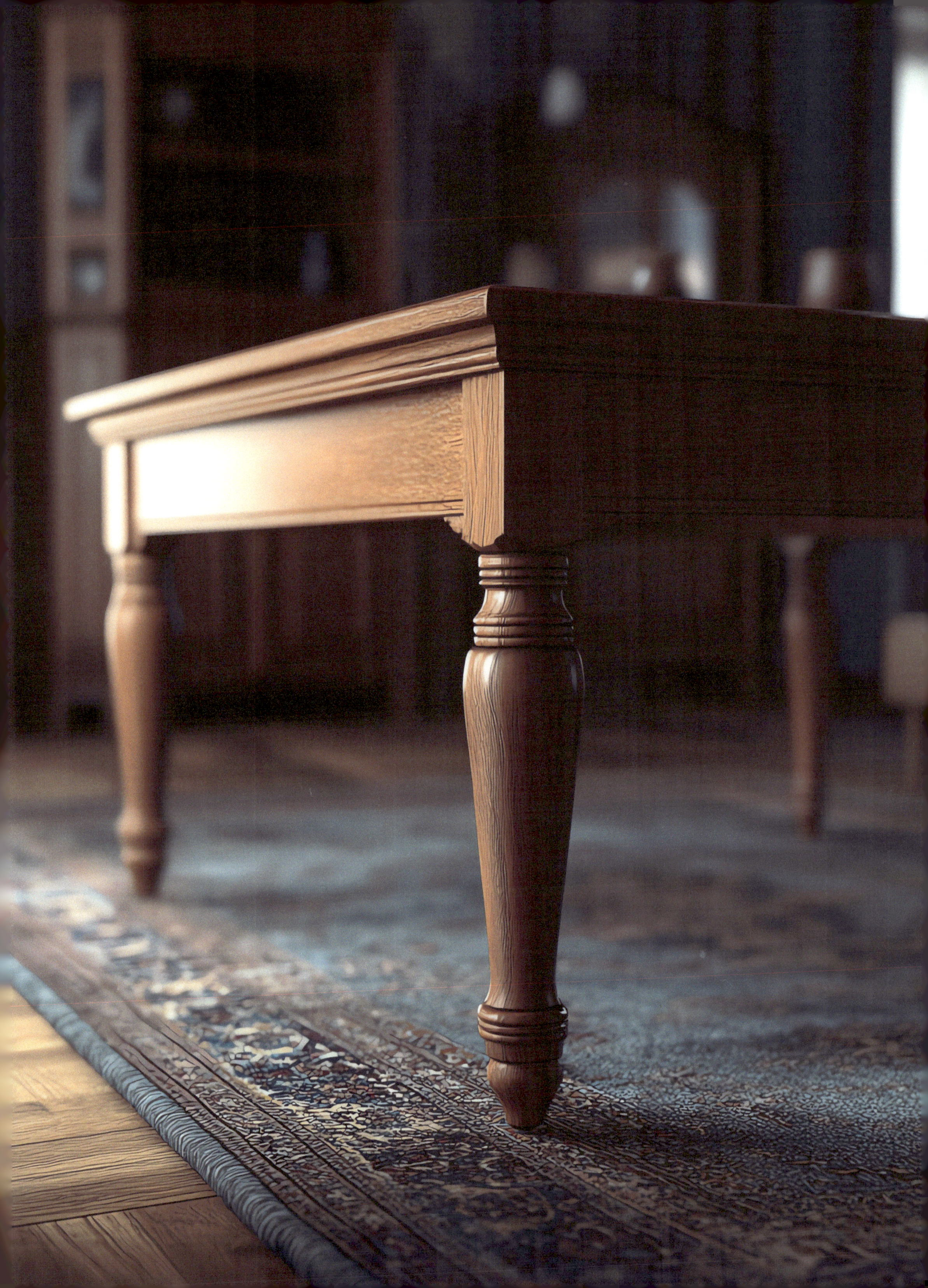

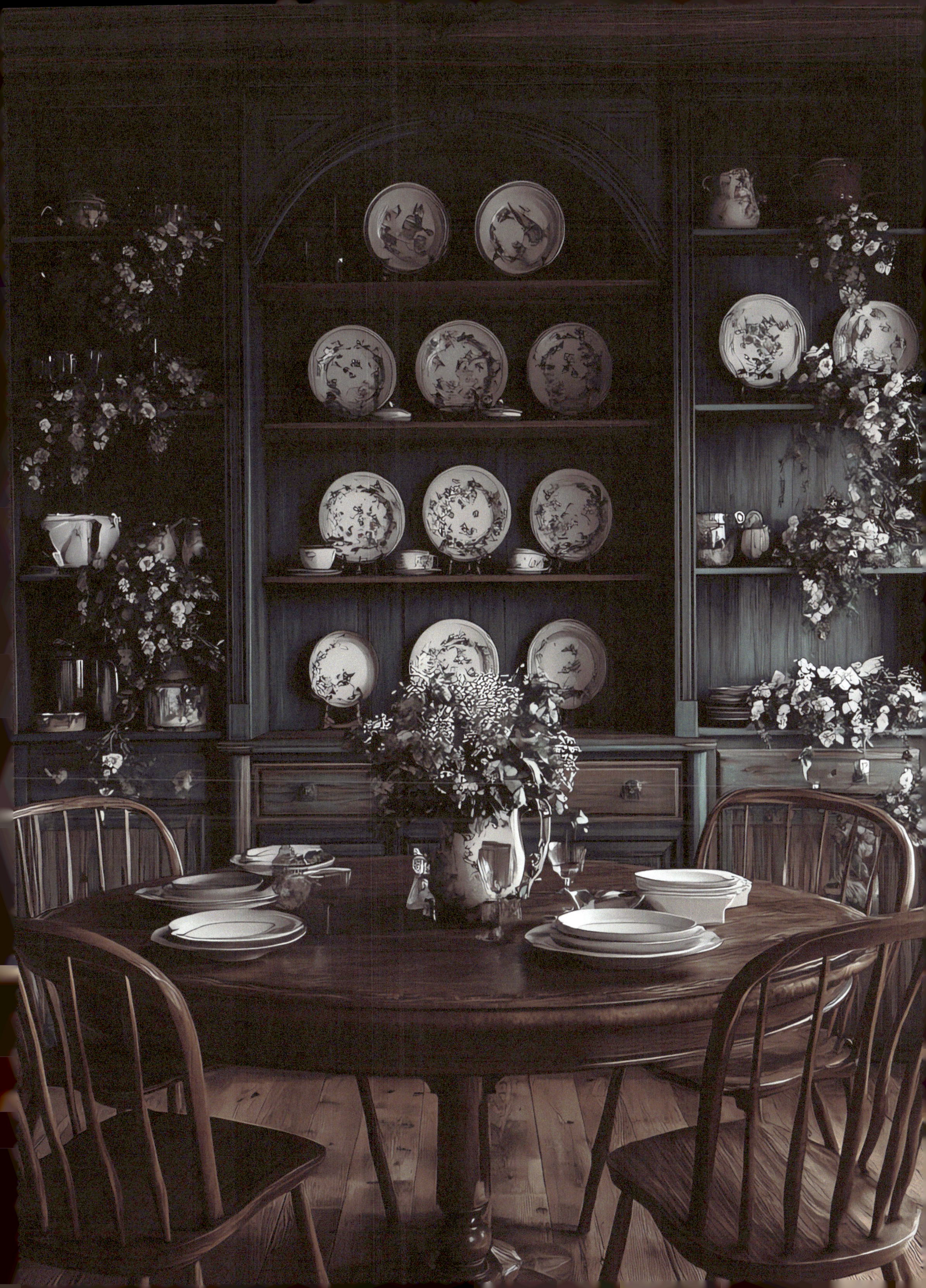

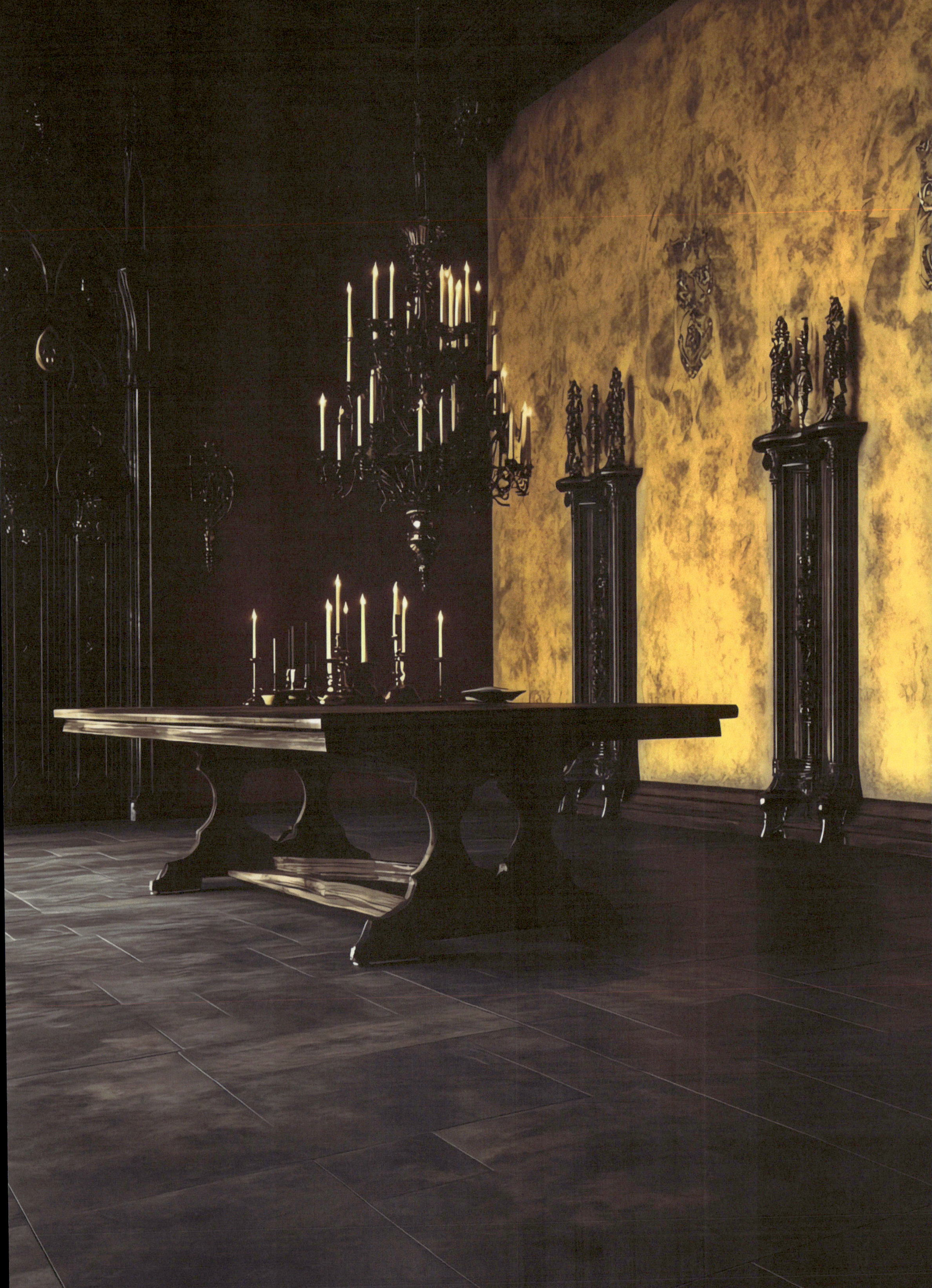

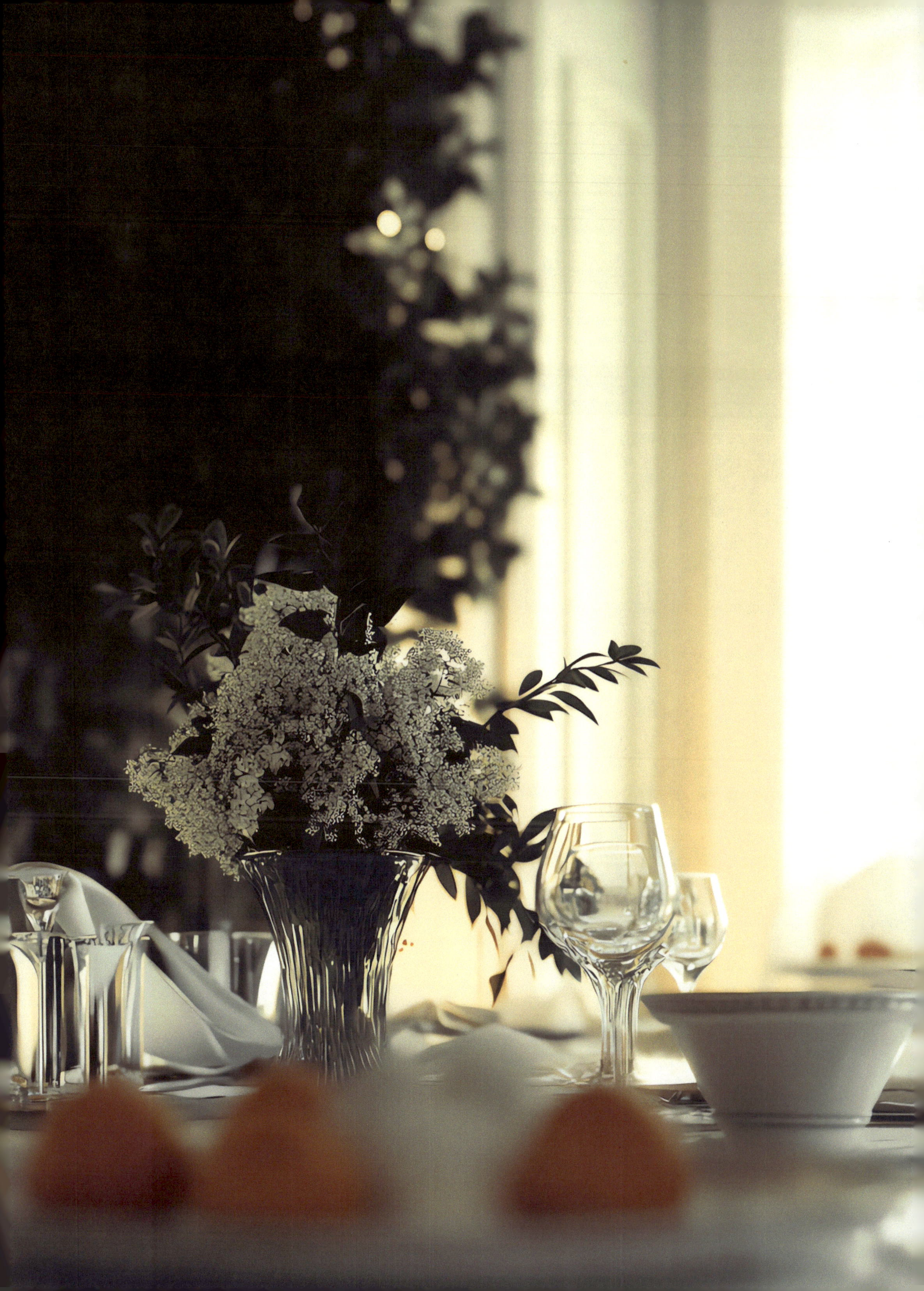

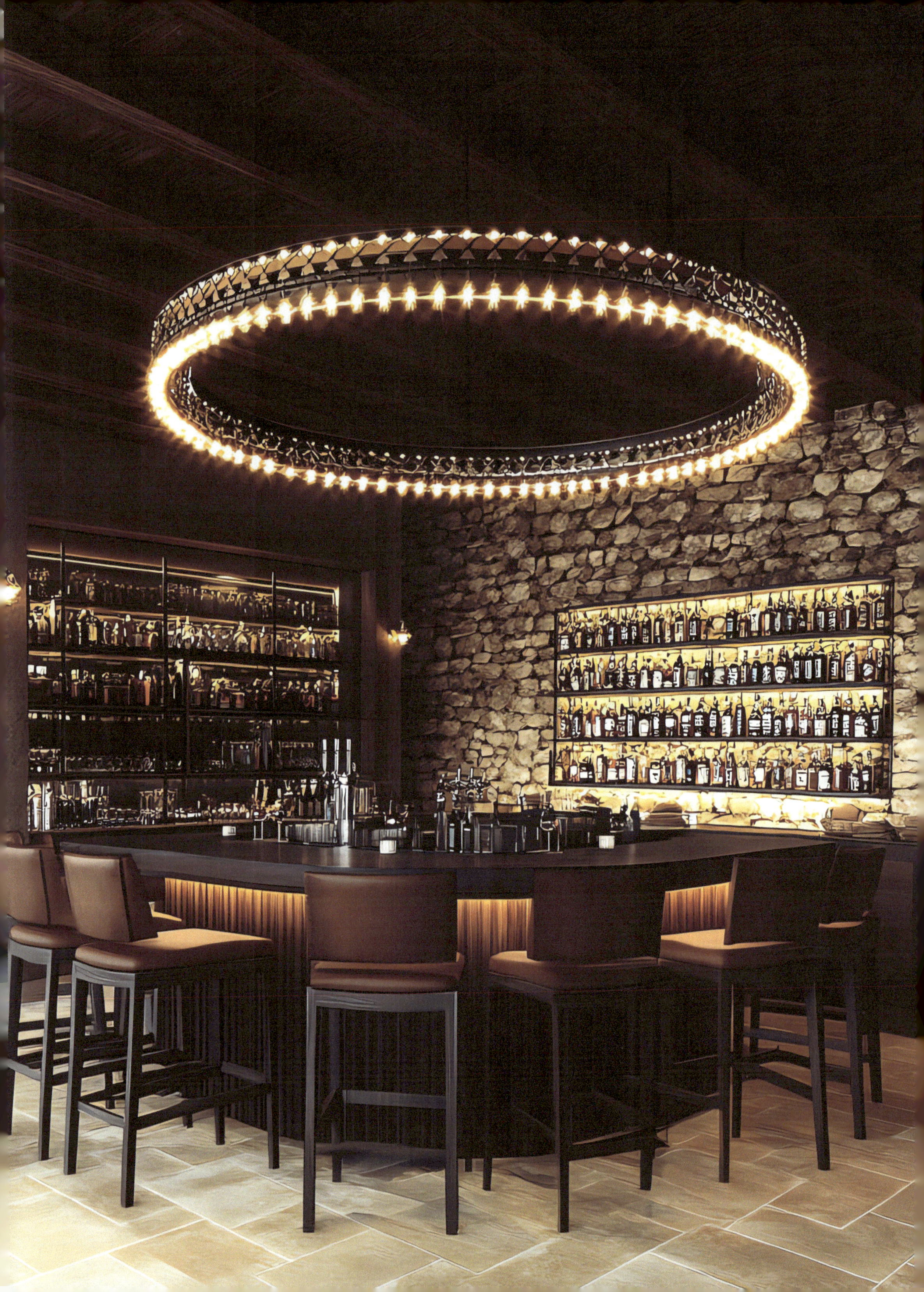

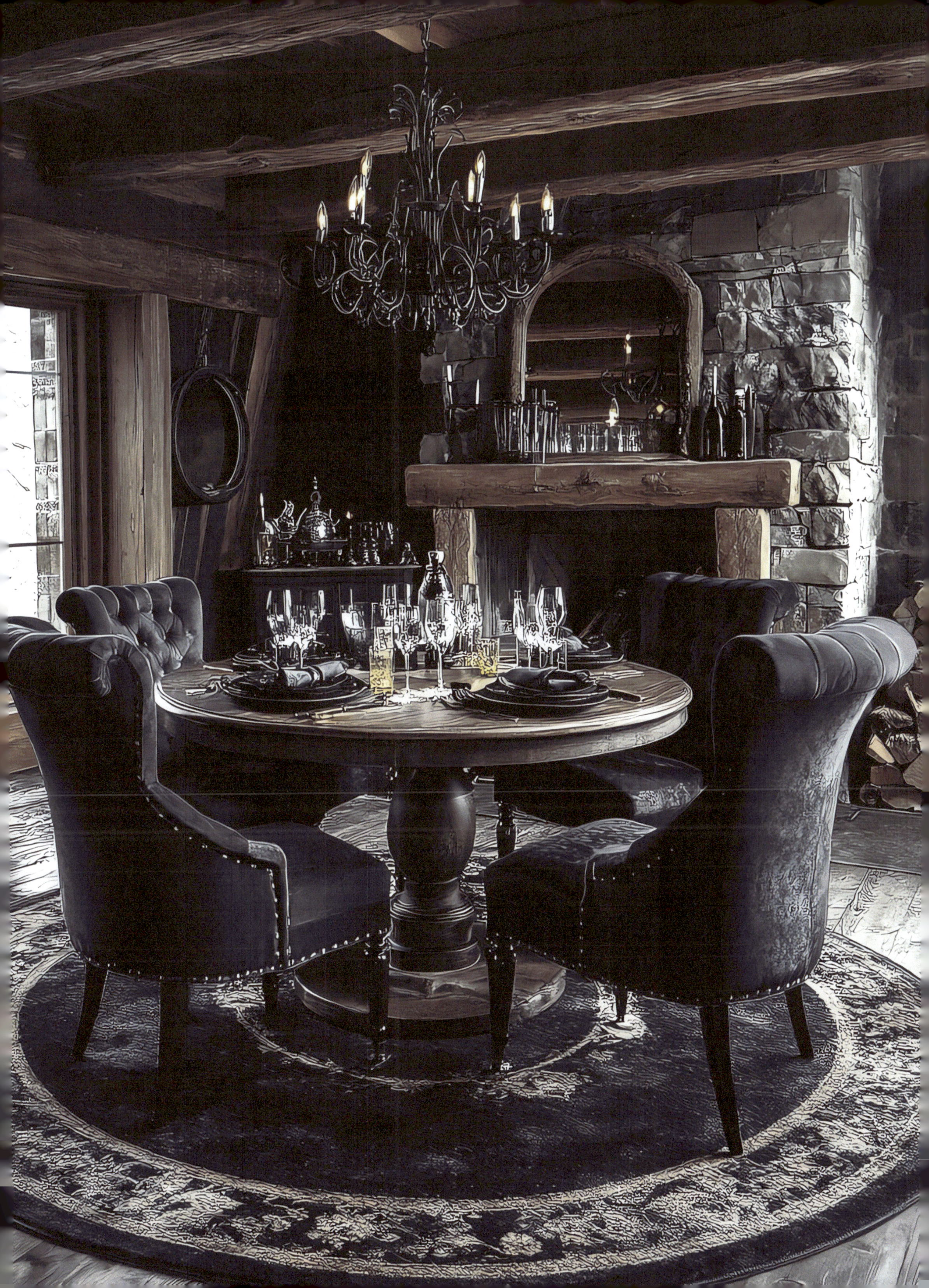

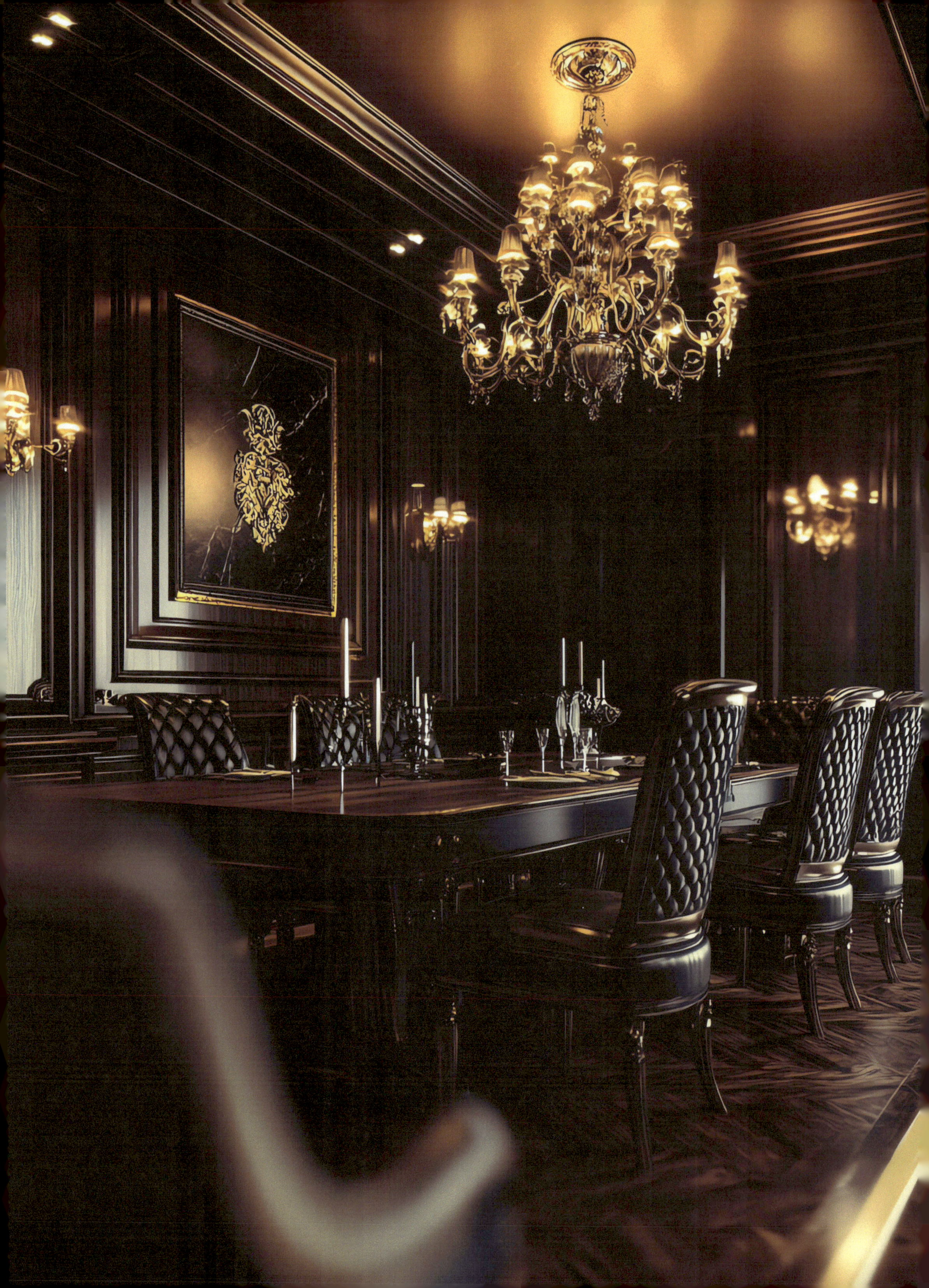

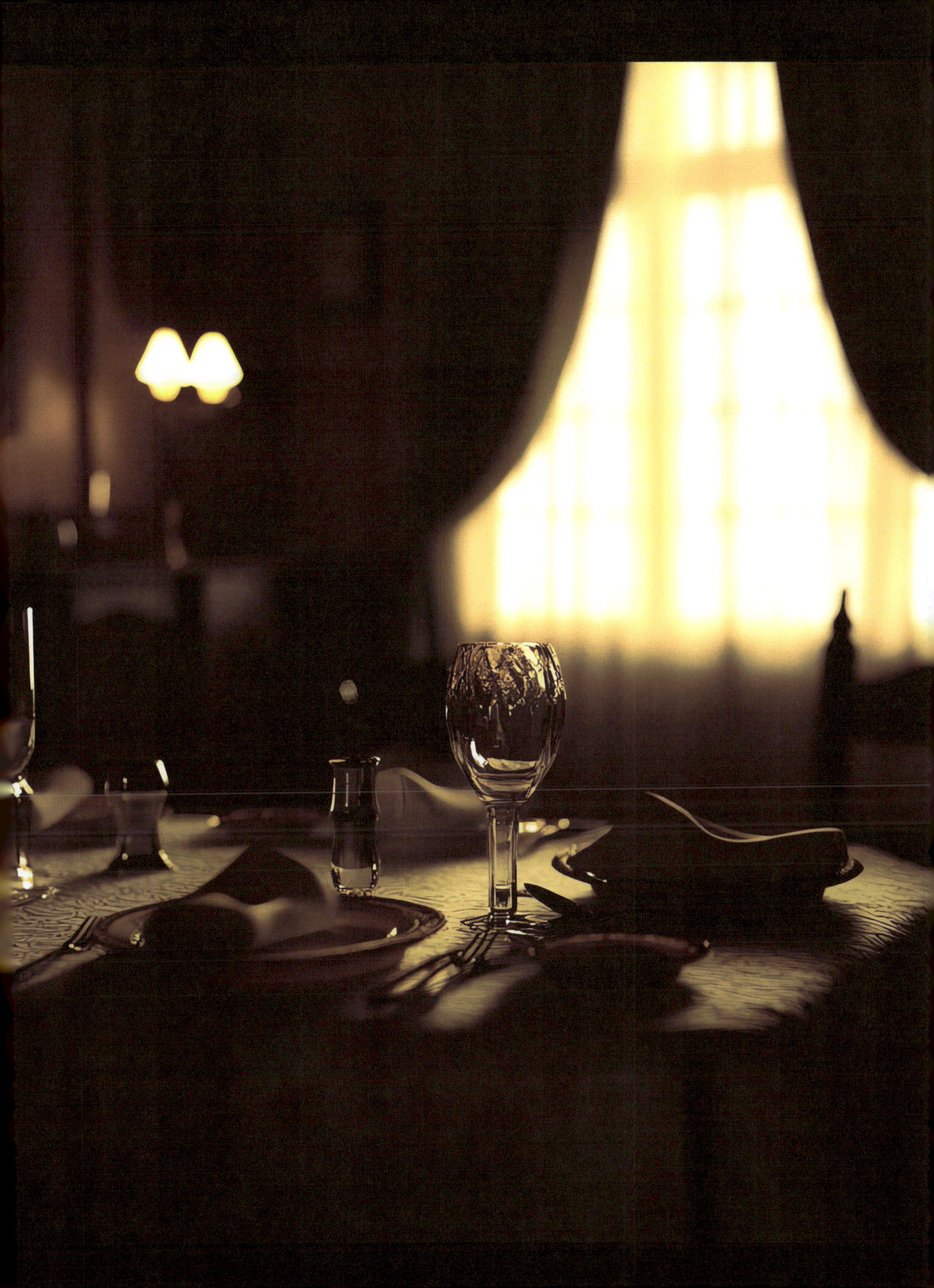

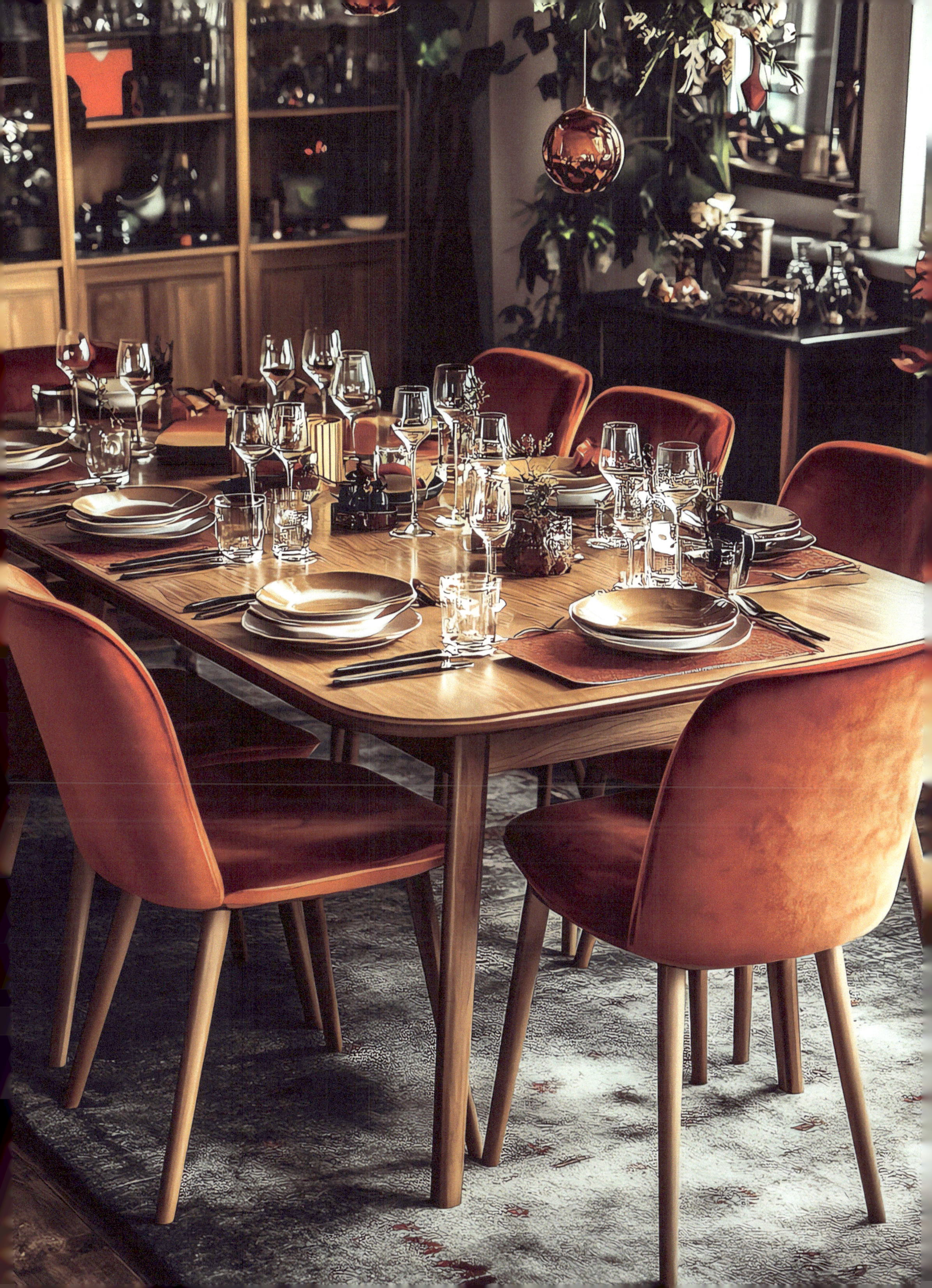

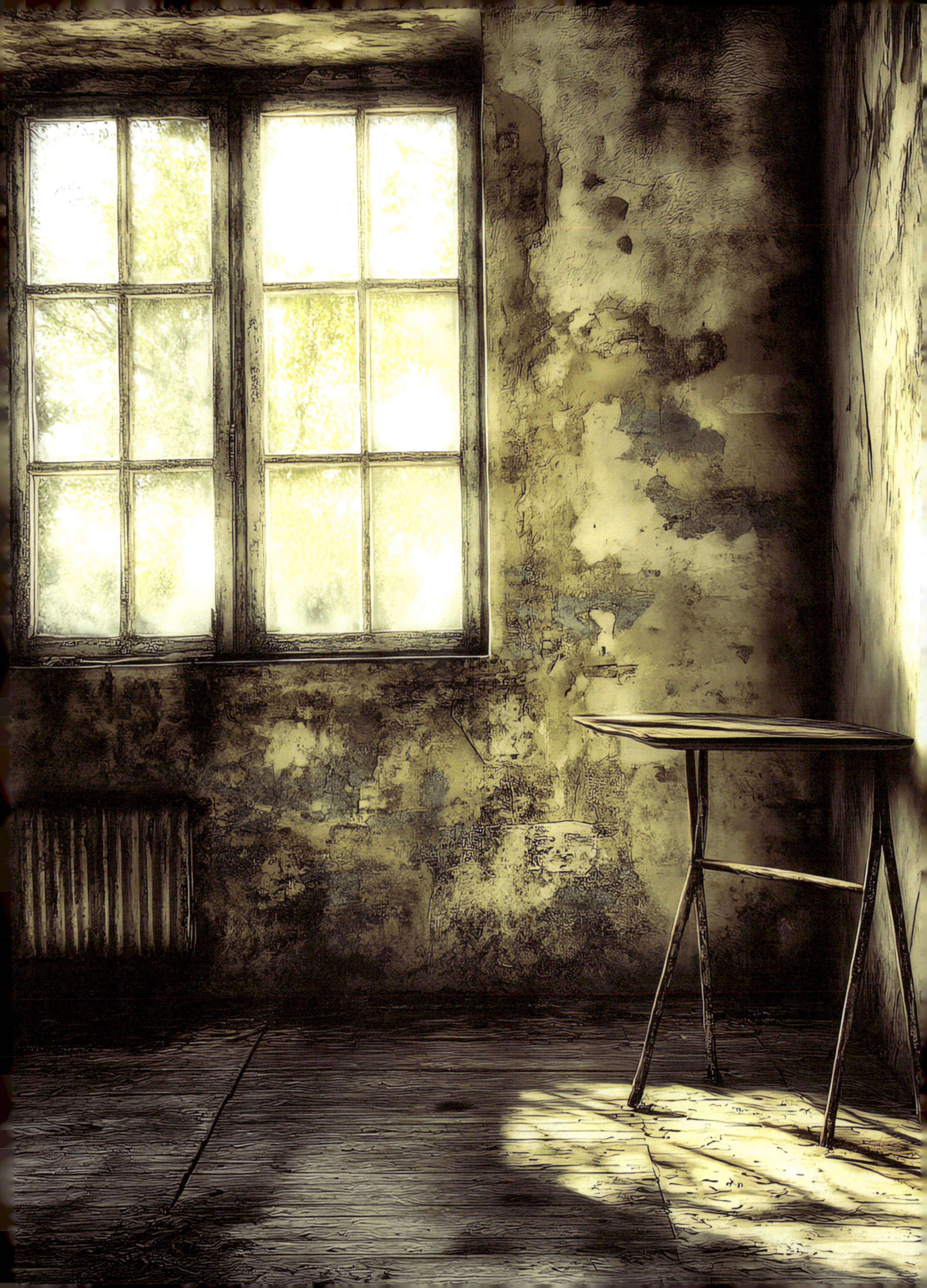

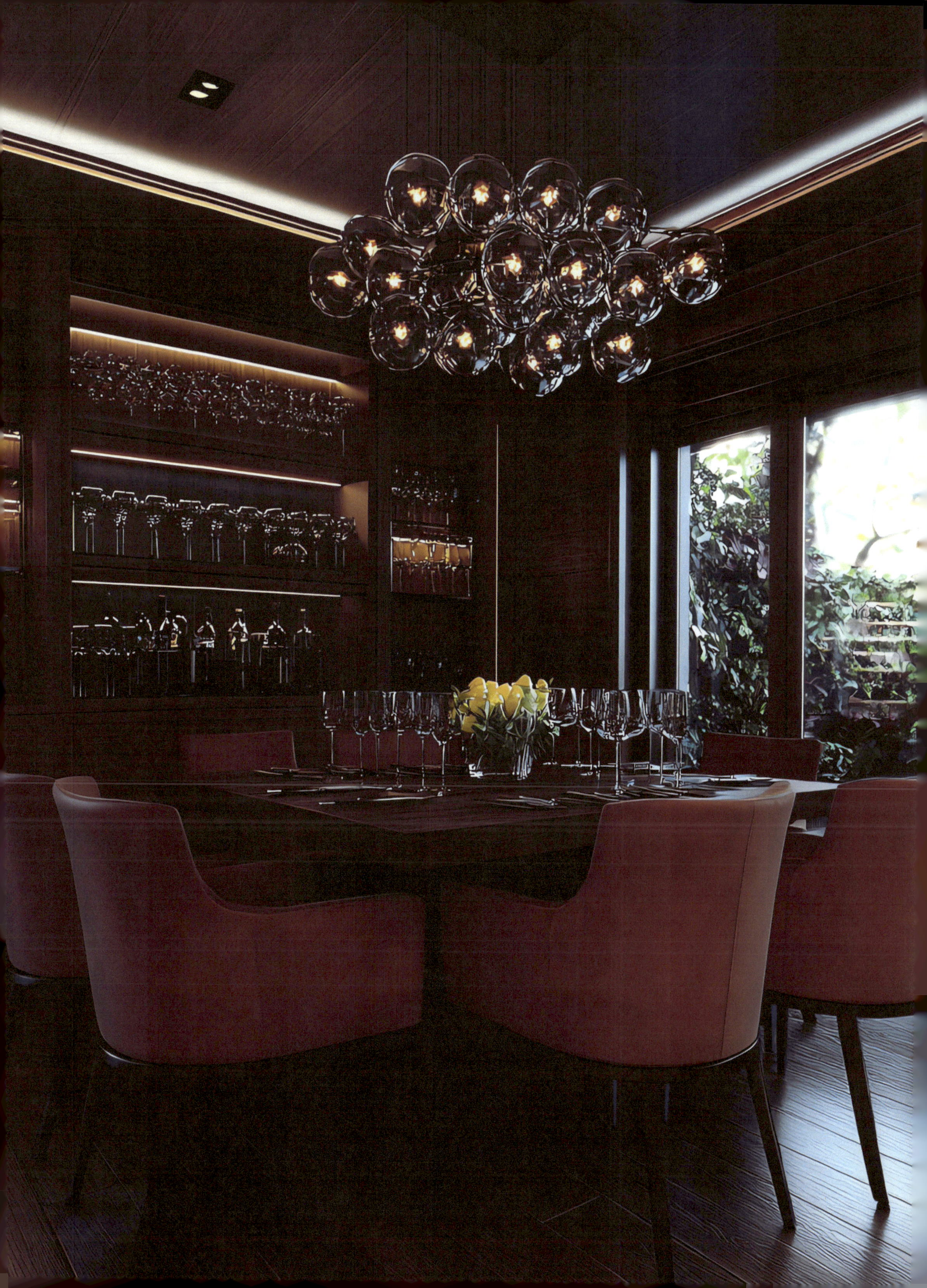

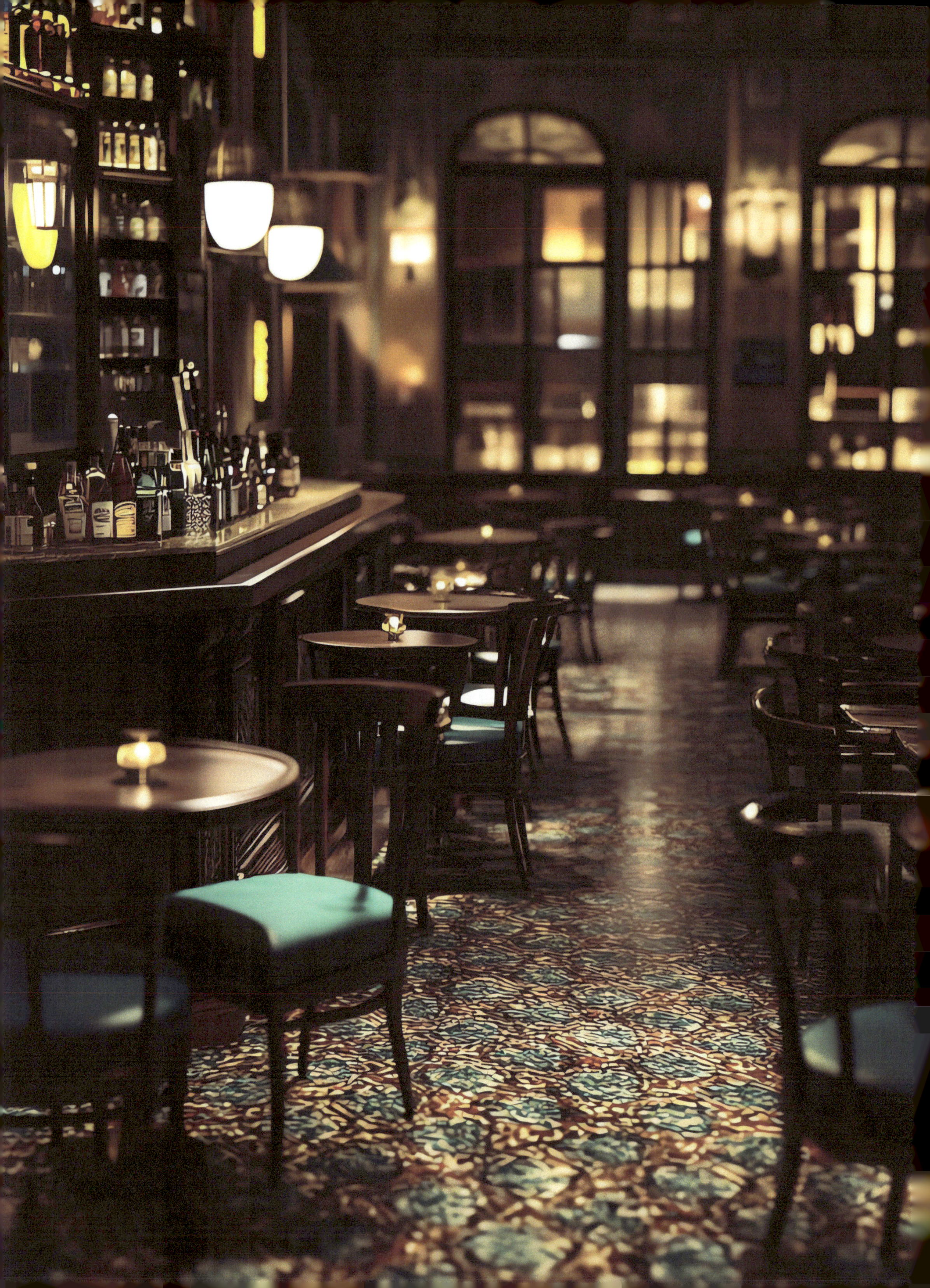

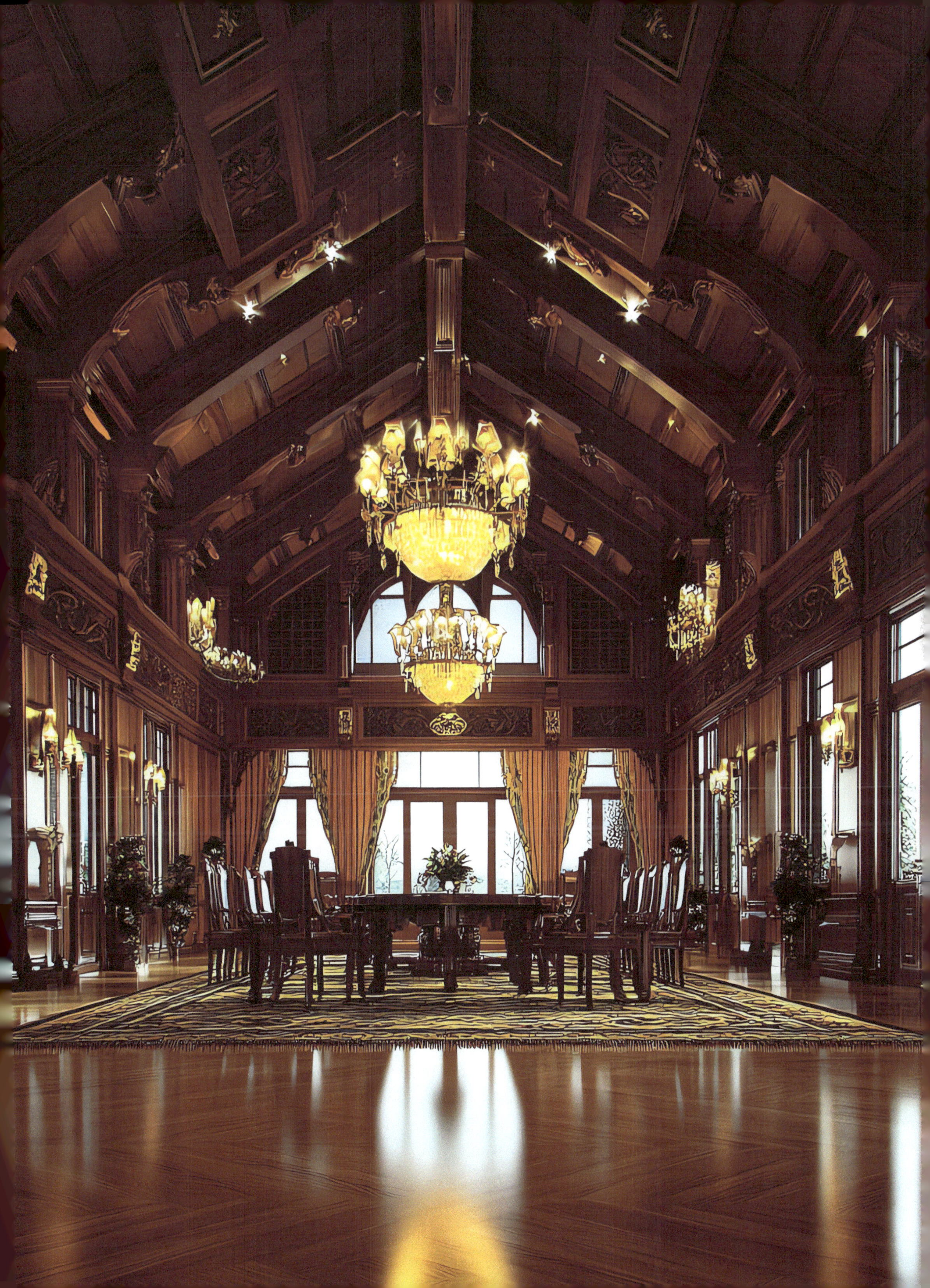

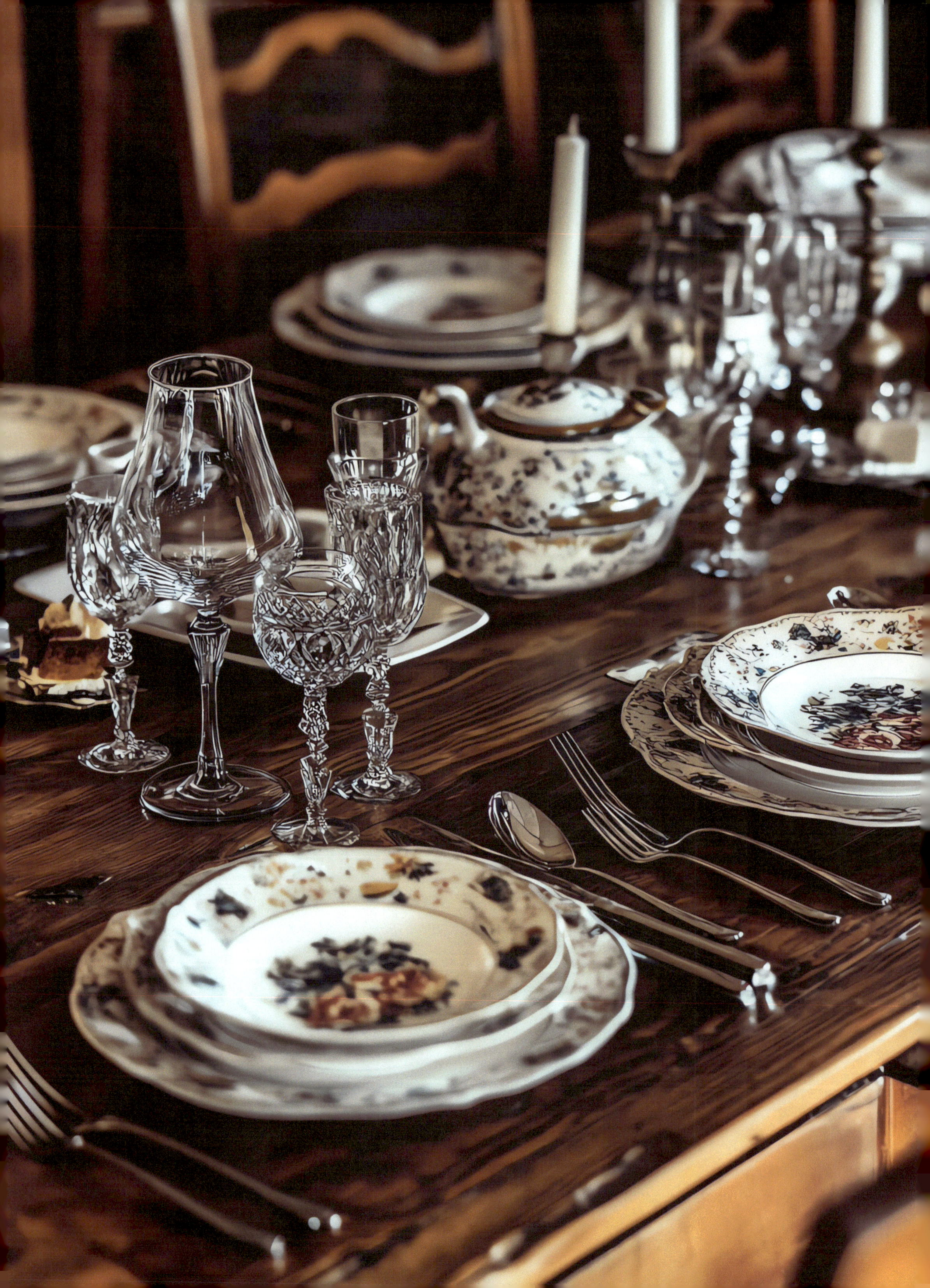

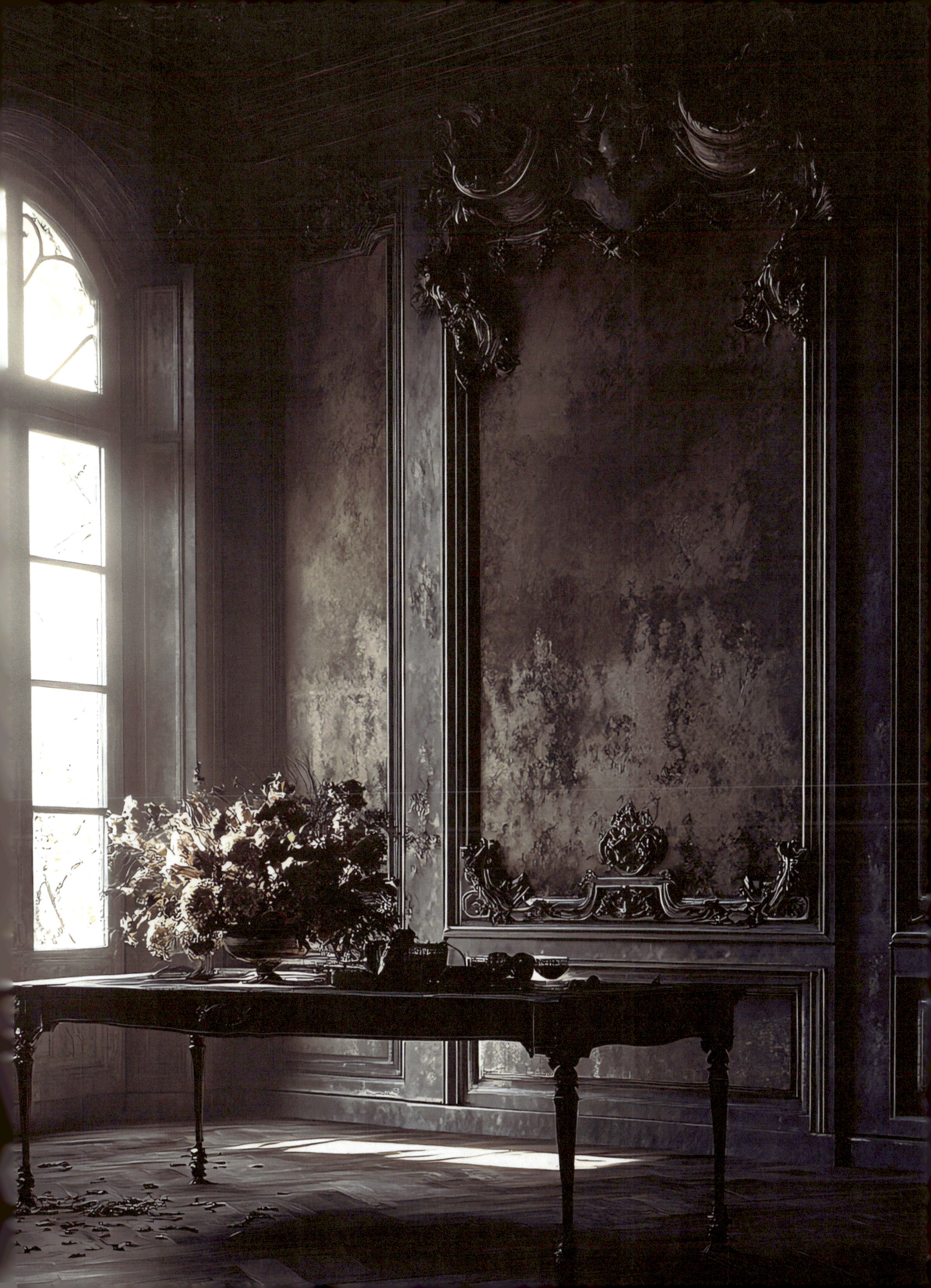

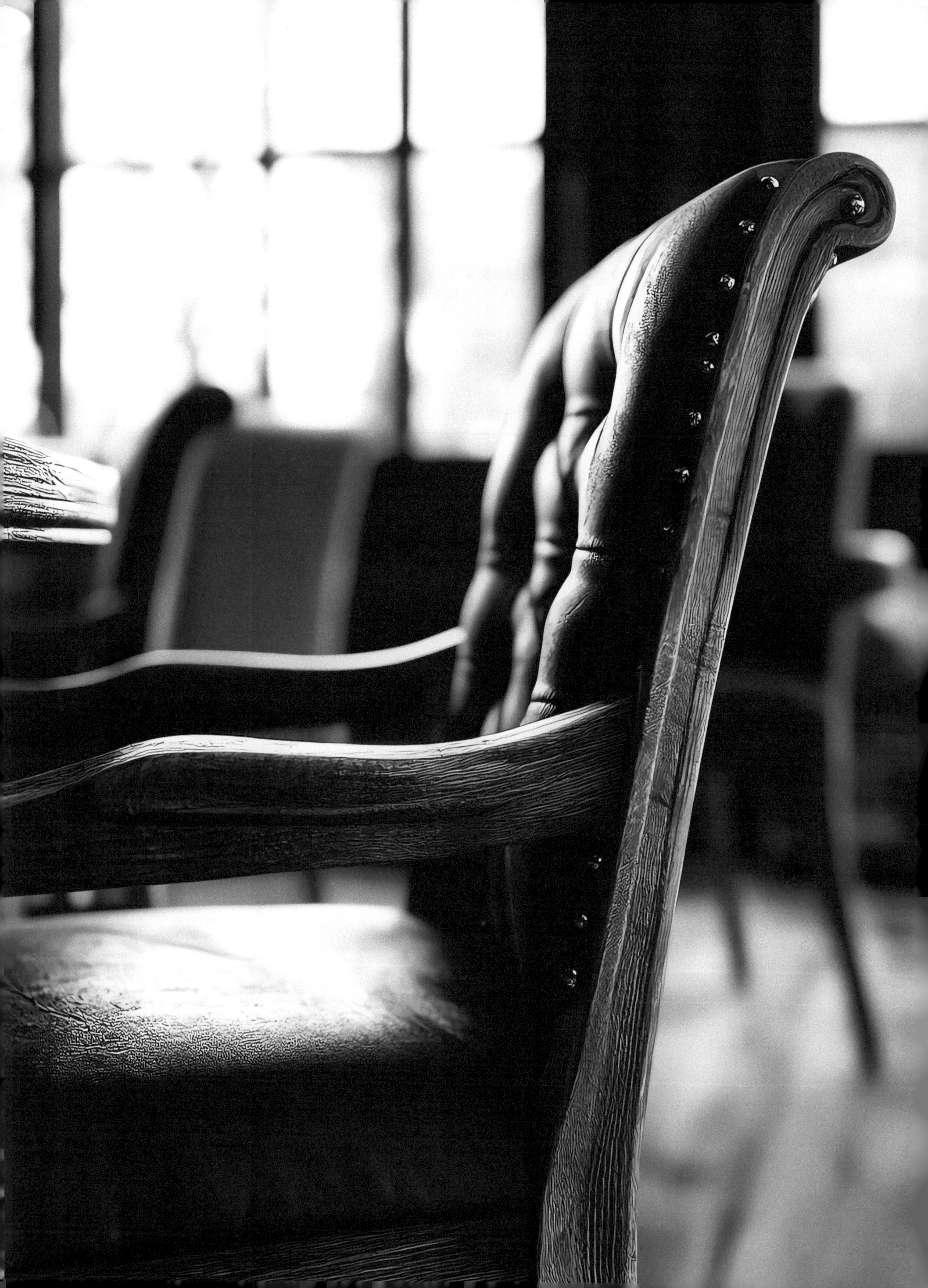

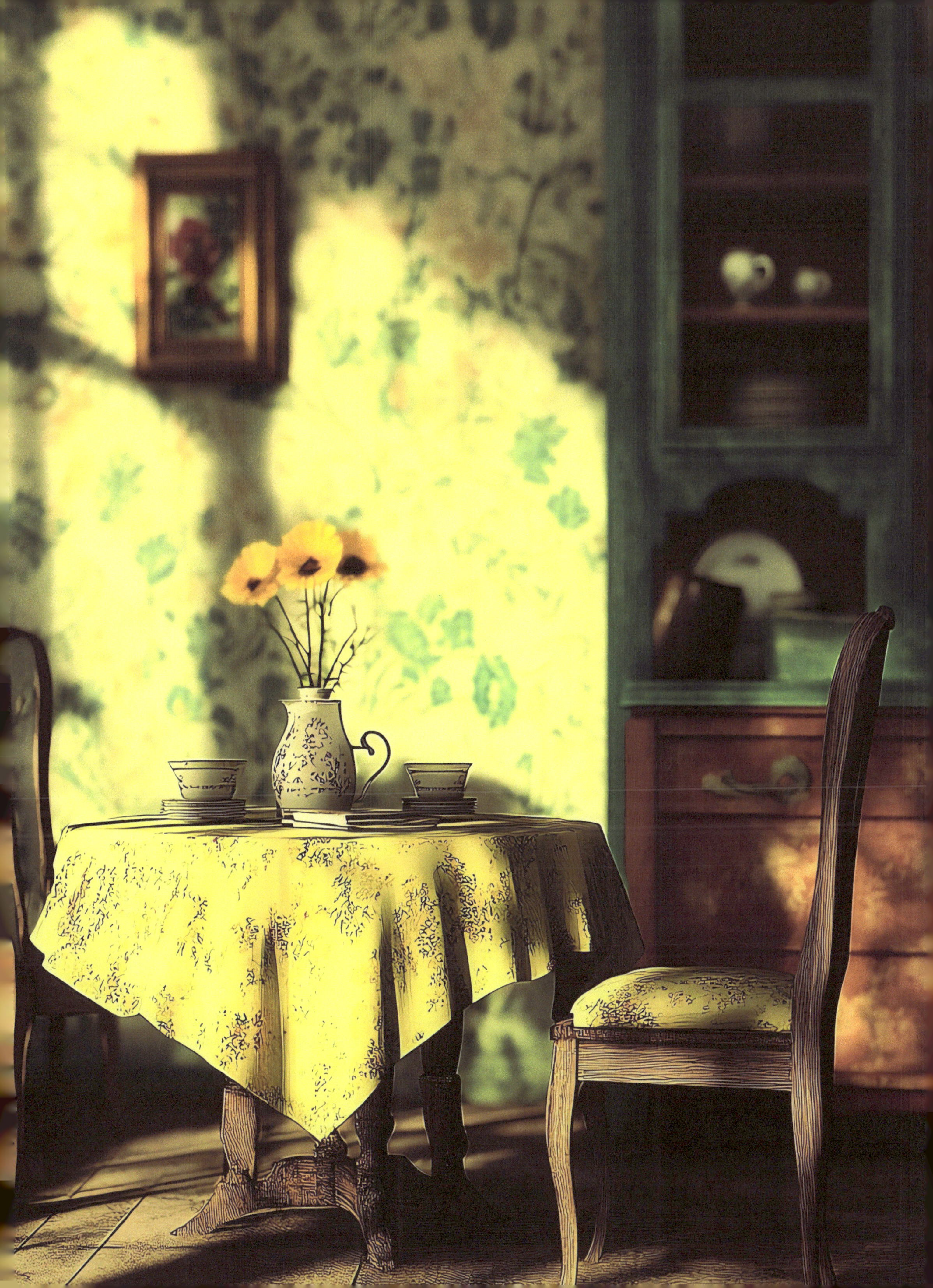

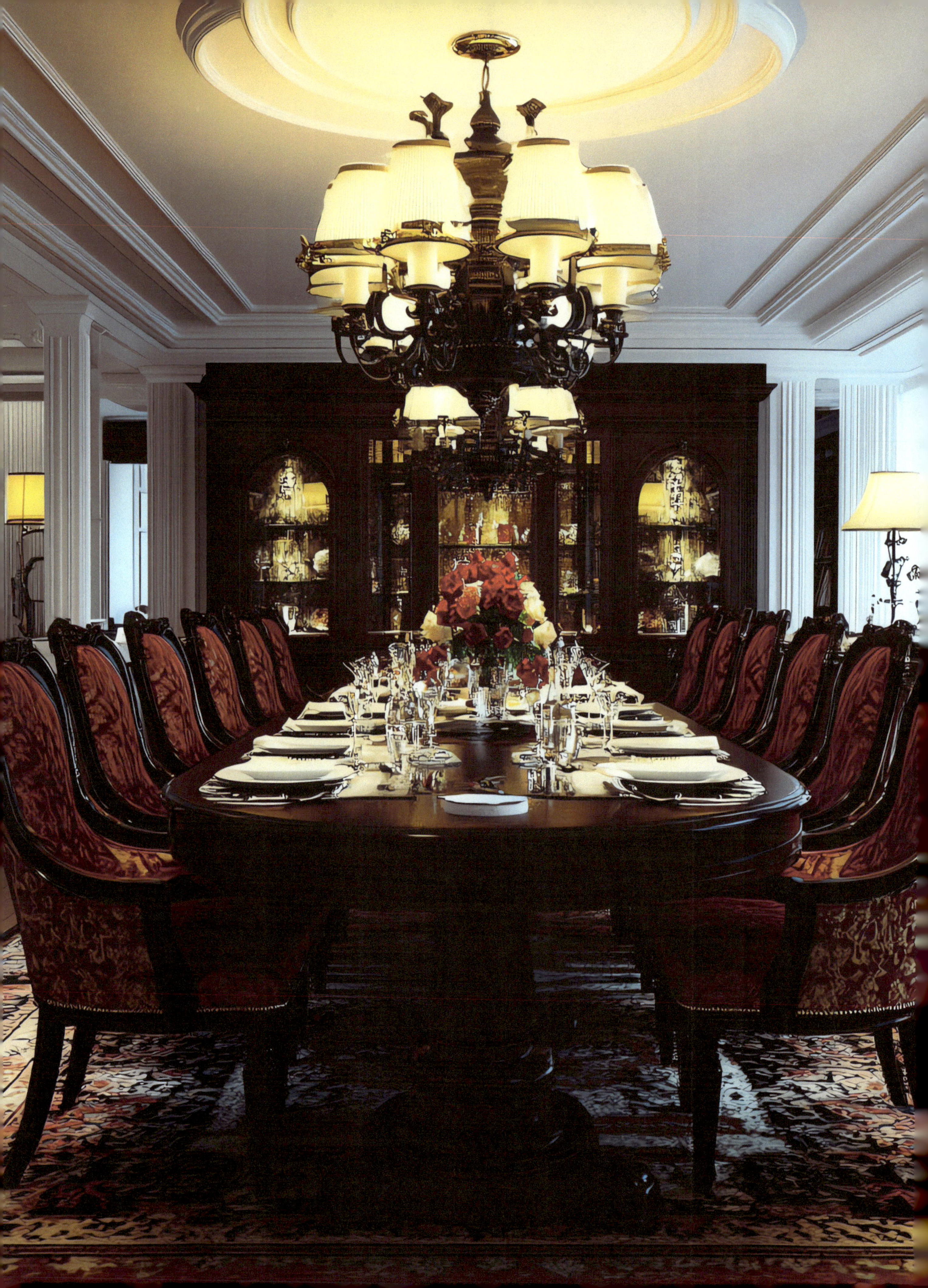